KB235400

오래 뜨겁게 일한다

오래 뜨겁게 일한다

일! 사랑! 돈! 잘 나가는 그녀들의 7가지 근성

초판 1쇄 인쇄 2012년 6월 25일
초판 2쇄 발행 2012년 9월 30일

지은이 | 전미옥

펴낸이 | 김명숙
펴낸곳 | 나무발전소
교   정 | 정경임
디자인 | 이명재
그   림 | 이상홍

등록 | 2009년 5월 8일(제313-2009-98호)
주소 | 서울시 마포구 합정동 358-3 서정빌딩 7층
이메일 | tpowerstation@hanmail.net
전화 | 02)333-1962
팩스 | 02)333-1961

ISBN 978-89-962747-9-7 13320

＊책값은 뒤표지에 있습니다.

오래 뜨겁게 일한다

일! 사랑! 돈! 잘나가는 그녀들의 7가지 근성

전미옥 지음

나무발전소

지금 당신의 어깨에 커다란 날개를 달자

영국의 사회학자 앤서니 기든스는 "21세기 사회변동의 핵심은 여성이
다."라고 말했다.

여성의 사회적 참여와 경쟁력이 곧 국가의 경쟁력으로 이어질 것이라
는 전문가들의 예견이 점차 맞아떨어지고 있는 21세기다. 남녀공학 중
고교의 우등생, 대학이나 대학원 진학률, 동호회나 커뮤니티를 이끄는
리더 등 굳이 찾으려 하지 않더라도 어디를 가나 여성들이 눈부시다. 법
조인, 의사, 변리사, 회계사를 비롯해 육·해·공군 사관학교 경찰, 정치
등 전통적으로 남성들의 영역이라 여겼던 분야까지 여성의 진출이 늘고
있다. 그 많던 남성들은 다 어디 갔을까 싶은 생각이 들 정도로, 사회 활
동을 하려는 여성들의 열정과 욕망은 폭발적으로 증가했다.

그런 여성들에게 일은 무엇일까?

　왜 우리는 그토록 힘들게 많이 공부하고 좋은 직업을 갖기 위해 애쓰는 것일까? 수많은 답변이 있겠지만 일은 남녀를 떠나 자신의 가치, 자신의 '쓸모 있음'을 증명할 수 있는 가장 확실한 도구이기 때문이다. 세상에 태어나 나의 쓸모와 존재감을 확인하는 하루하루는 행복하다. 이런 행복감을 통해 더 큰 목표를 달성하면서 사회경제에 이바지하고 자신의 꿈을 이룬다.

　하지만 직장여성들의 하루하루는 순탄하지 않다. 일에 치이고 사람에 상처받는 날들의 연속이다. 능력 있고 야무지고 인간관계도 좋은데 왜 회사생활은 뜻대로 되지 않는 걸까? 나는 직장에서 우두커니 선 채 자신의 성과를 빼앗기는 여자들을 참 많이 보아왔다. 만일 당신이 남자 상사나 동료들과 함께 일하고 있다면 다음과 같이 황당하고 분통 터지는 상황에 놓일 경우가 많을 것이다.

- 남자 상사는 업무에서든 개인적인 관계에서든 적극성과 의욕을 보일수록 무심하고 차갑게 대한다.
- 새로운 시각의 아이디어를 남자 동기가 교묘히 편집해서 가로챈다.
- 회사 측의 배려라 하지만 임신한 후 원치 않는 부서로 발령이 났다.
- 해외근무, 장기출장, 야근 모두 할 수 있다는데도 대상자에서 늘 열외다. 그러고도 여자들은 몸을 사린다고 한다.

- 상사는 평소 나의 업무능력을 크게 인정하면서 정작 프로젝트 팀장
  은 남자를 뽑는다.

사실 남자들과 동등한 대우를 받지 못하는 문제는 지난 세기부터 여
자들에게 되풀이되어 온 고민거리이다. 책상에 코 박고 일만 하는 여자
들은 회사생활을 지배하는 비하인드 룰(Behind Rule)이 있다는 걸 모른
다. 능력만큼은 이미 일하기에 최적화되었지만, 여러 사람과 함께하는
조직생활에는 최적화되어 있지 않다는 데에서 그 원인을 찾을 수 있다.
여자들은 개인의 목표를 위해 일하는 상황이라면 뛰어난 역량을 발휘하
지만, 많은 사람들과 조직의 목표를 위해 협업하는 과정에서는 서툰 모
습을 보인다.

최근 평균 수명 연장과 고령화·저출산 문제가 맞물리면서 '경제수
명 2050시대'가 화두로 떠오르고 있다. 퇴직후 길어진 인생을 영위하기
위해서는 개인의 경제 수명을 늘리는 것이 주요한 과제가 된 것. 20대부
터 50년 동안 왕성하게 일하기 위해서는 여성의 자기계발 전략은 달라
져야 한다.

이 책에는 직장에서 전문적 역량을 인정받으며 자신의 가치를 찾고자
하는 여성들의 고민을 참작하여 필요한 조언들을 담았다. 오래 뜨겁게
일하는 프로의 자세 세팅법, 소통과 표현의 기술, 직장 인간관계의 노하
우, 비전 설계와 자기관리 등을 '목마름 – 타오름 – 닦음 – 이음 – 드러

자신이 하는 일을 즐기는 것, 그것이 신이 인간에게 내려준 선물이다. – 솔로몬

냄 – 뜀 – 다스림’ 모두 7개 부분으로 나눠 세심하게 다루었다.

혼자 똑똑한 사람보다 동료들과 소통을 잘하고 조직에 조화롭게 녹아
드는 현명함을 갖춘 사람이 진짜 일을 잘하는 사람이다. 이런 여성이 되
기 위한 섬세한 기술과 노하우는 정말 일 잘하고 싶은 여성들에게 큰 도
움이 될 것이다.

특히 조직생활에 시달려 자신이 왜 회사를 다니는지, 왜 이런 어려움
속에서도 일해야 하는지 다시금 생각하게 하고 초심을 다잡게 할 것이
다. 회사에서 받는 월급으로만 직장생활의 가치 기준을 정하지 않고 일
을 통해 자신의 비전과 가치를 찾도록 도와줄 것이다.

일하는 여성들은 열정적으로 뛴다. 하지만 조직생활에 최적화된 마인
드를 가진 여성은 뛰는 여성 위에서 유유히 난다. 지금 당신의 어깨에 커
다란 날개를 달자.

2012년 봄
전 미 옥

차례

그녀들은 일에 목마르다

자기 그릇보다 한 단계 높은 꿈을 겨냥할 때
당신은 자신의 한계에 직면하게 될 것이다.
그러나 자신이 미리 설정해 놓은 한계를
뛰어넘었을 때의 짜릿한 성취감은
그 무엇과도 바꿀 수 없는 기쁨을 준다.

여우주연상이 목표다?

완벽한 연기를 통한 새로운 탄생

오늘날 스타급 반열에 드는 배우들의 초기 연기를 보며 감탄할 때가 있다. 〈개 같은 내 인생〉을 만든 라세 할스트롬 감독의 또 다른 수작 〈길버트 그레이프〉에서 레오나르도 디카프리오의 징그러운(?) 초기 연기를 볼 수 있다. 처음 그의 연기를 접한 관객은 "정말 정신박약아를 섭외했나?" 하는 생각이 들 정도로 놀라운 연기를 보여준다. 늘 높은 곳에 올라가기를 좋아하는 길버트의 동생 어니 역을 맡은 디카프리오는 오늘날 세계적인 배우가 될 가능성을 충분히 예감할 만한 연기력을 보여주었다.

　이와 비슷한 경우로 문소리는 〈오아시스〉를 통해 스타덤에 올랐다. 근육경련까지 일으키면서 심하게 몸이 뒤틀린 지체장애인 역을 완벽하게 소화해 낸 문소리는 앞으로 어떤 역할이 와도 해낼 수 있겠다는 자신감을 얻었다고 한다. 영화나 배우에 대한 아무런 정보도 없이 〈오아시스〉를 본 어떤 사람이 "어떻게 저런 장애인을 캐스팅했지?" 했다가 주변의 놀림을 받았다는 이야기가 있을 정도로 문소리의 연기는 완성도가 높았다.

　하지만 '발연기한다' 고 혹평을 받다가 어떤 작품을 기점으로 진정한 연기파 배우로 거듭나는 경우도 있다. 노희경 작가가 쓴 드라마 〈굿바이 솔로〉를 기점으로 연기의 격이 크게 향상되었다는 평가를 받은 김민희는 변영주 감독의 영화 〈화차〉를 통해 '김민희의 재발견' 이라는 찬사를 듣는 연기파 배우로 인정받았다. 결혼을 앞둔 행복한 여인에서 정체를 알 수 없는 미스터리한 여인으로 변신한 김민희를 두고 변영주 감독은 "그녀보다 잘할 수 있는 사람은 없었다."라고 말했다.

　배우는 완벽한 연기를 꿈꾼다. 연기를 통해서 다른 사람의 삶을 사는 것이다. 진정한 배우의 연기는 단순히 '흉내'라고 볼 수 없다. 혼신의 연기를 통해서 그 순간만큼은 완전히 그 역할의 삶을 살기 때문이다. 데뷔 초기부터 남다른 싹을 보이는 배우든, 무명의 오랜 세월 끝에 진정한 배우가 된 경우든 완벽한 연기를 위해 노력했고 지금에 이르렀다는 사실이 중요하다.

누구든 초기 시절은 있기 마련이다. 잘 안 된다고 미리 좌절하지 말자. 어제보다 오늘 성장했느냐가 배우의 내일을 말해준다. 내 인생의 주인공은 나라는 사실을 잊지 말고 오늘 하루를 전력투구하자.

주인공의 삶, 주변인의 삶

우리 인생에서도 완벽한 연기가 필요하다. 내 연기가 어설픈 흉내에 머문다면 아무도 내 삶에 주목하지 않겠지만 내가 혼신을 다해 내 역할에 충실한 삶을 보여준다면 갈채를 받을 수 있다. 내 인생의 목표를 이루기 위해 완벽한 '자기관리'와 '연출'을 통해 부단히 노력하는 것은 대단한 노력을 요구한다. 관객이 뛰어난 배우의 연기를 보고 눈속임이라고 생각하지 않는 것처럼, 자신에게 부족한 부분을 알고 적극적인 노력을 하여 나를 개선하고 성장시키는 것은 직업인으로서 훌륭한 자세다.

어떤 삶에서나 조연은 고민도 별로 없고 시련도 그다지 크지 않다. 반면 주인공의 삶은 늘 험난하고 아찔한 고비의 연속이다. 억울한 누명과 갖은 역측, 꼬여만 가는 일상, 어긋나는 사랑 등이 주인공을 기다리는 인생이다. 무엇 하나 수월하거나 쉬운 일이 없어 힘쓰게 하고 노심초사하게 하고 초조하게 만든다. 주인공에 캐스팅된다는 것은 그만큼 어려운 상황이어도 기꺼이 한 몸 바쳐 혼신의 연기를 할 각오가 되어 있어야 한다는 것을 의미한다.

　시나리오와 연출, 연기까지, 나 혼자 해야 하는 철저한 1인극이 성공하려면 편안함과 안전함, 유혹을 떨칠 수 있는 용기가 절실히 필요하다. 이불 속에서 조금 더 자고 싶은 유혹, 취직이 어려우니 그냥 결혼해서 '취집' 하는 게 낫겠다는 안일한 자세, 험하고 궂은일은 되도록 피하려는 자세는 버려야 한다. 자신의 일에 프로의식을 가지고 성장하는 사람치고 편안하고 익숙한 것에 안주한 사람은 없었다. 자신의 선택이었든 자신의 선택과 상관없이 어렵고 낯설고 불편한 것들과 맞닥뜨리게 되었든 '프로' 는 고난의 바다에서 꿋꿋하게 헤쳐 나왔다는 공통점이 있다.

　여주인공이 맞게 될 롤러코스터 같은 변화를 두려워하기보다는 자신의 역할에 완전히 몰입해 차라리 그 역할을 즐기는 편이 낫다. 모든 일에서도 두려움을 벗어나 자신의 일에 몰입하고 즐길 줄 알아야 한다. 변화하려면 내가 쌓은 벽을 무너뜨리고, 남들의 가치관에 크게 신경 쓰지 않아야 한다. 그러고 나면 편안하고 안락한 것에는 더 이상 매력을 느끼지 못하게 될 것이다.

　쉬운 일은 시시해서 남에게 떠넘길 때 비로소 주인공으로 우뚝 서게 되는 것이다.

재주가 열심을 못 따라가요. - 노라노(패션디자이너)

우리 인생에서도 완벽한 연기가 필요하다.
내 연기가 어설픈 흉내에 머문다면 아무도 내 삶에
주목하지 않겠지만 내가 혼신을 다해 내 역할에
충실한 삶을 보여준다면 갈채를 받을 수 있다.
관객이 뛰어난 배우의 연기를 보고 눈속임이라고
생각하지 않는 것처럼, 자신에게 부족한 부분을 알고
적극적인 노력을 하여 나를 개선하고
성장시키는 것은 직업인으로서 훌륭한 자세다.

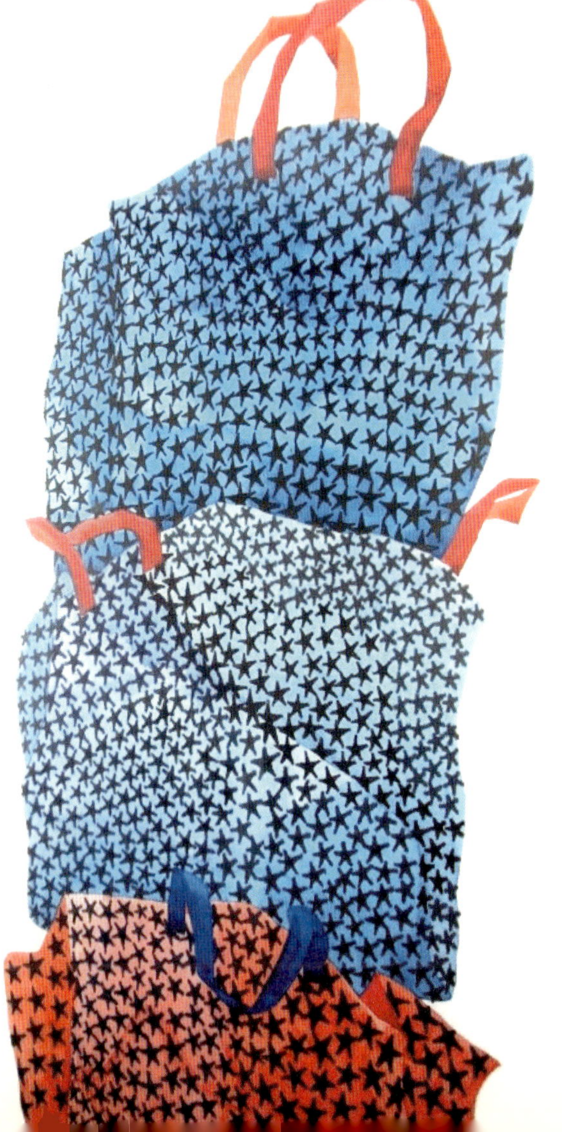

활시위를 겨눌 곳

누가 강아지의 목줄을 끊었나

강아지 한 마리가 작은 집 앞에 묶여 있다. 봄볕 탓에 졸음에 겨운지 내내 눈을 감고 이따금씩 몸을 조금 움직일 뿐이다. 한 아이가 장난 삼아 집적대지만 귀찮은 듯 별 반응이 없다. 기다란 나뭇가지를 주워온 아이가 강아지의 코끝을 간질이지만 강아지는 잠깐 고개를 들어 좌우로 털어낼 뿐 다시 넙죽 엎드려 요지부동이다. 누가 건드려도 움직이기 싫은 모양이다.

잠시 후 주인이 와서 먹이그릇에 사료를 놓아주니 강아지의 태도는 180도 달라졌다. 갑자기 생기를 되찾으며 먹이그릇에 달려들었다. 그러

나 채 한 입 맛보기도 전에 짓궂은 아이가 먹이그릇을 저만치 밀쳐버렸다. 강아지는 힘껏 끈을 당겨 그릇에 다가갔지만, 입에 닿을 듯 말 듯한 거리에 놓여 있어 좀체 먹을 수가 없었다. 강아지는 거의 필사적으로 먹이를 향해 끈을 늘였다. 그러나 그럴수록 아이는 먹이그릇을 조금씩 멀리 놓았다.

강아지의 끈은 얇은 고무를 좁게 잘라 만든 것이었는데, 강아지가 필사적으로 먹이를 먹으려고 할수록 끈은 늘어났다. 아이가 한 차례 더 먹이그릇을 조금 멀리 놓자 급기야 강아지 끈이 끊어지고 말았다. 아이는 놀라 달아나고 강아지는 먹이그릇의 밥을 정신없이 먹었다.

강아지는 분명한 목표가 생기자 돌변했다. 누가 무엇으로 건드려도 절대 움직이지 않았던 강아지가 오로지 먹이를 먹겠다는 끈질긴 일념으로 마침내 자신을 묶고 있던 끈까지 끊어버렸다. 이러한 목표의식은 강아지가 '끈'이라는 자신의 한계를 극복할 수 있게 만들었다. 이처럼 자신의 삶에서 분명한 목표를 가지는 것은 자신을 오랫동안 묶고 있는 끈을 끊는 것과 같다. 늘어질 대로 늘어진 일상의 끈을 주체하지 못하고, 그 끈이 내 몸을 휘감아도 느끼지 못하는 상태가 되면, 내 능력의 한계를 가늠할 기회조차 찾기 힘들다.

내 삶이 그저 그렇게 외풍에 흔들리다가 대책 없이 상처받길 원하지 않는다면 이제는 내 삶이 지향하는 것, 내 인생의 과녁을 설정해야 한다.

무엇이 나를 움직이게 하는가

목표를 실현하려면 분명 순간의 즐거움보다 목표에 집중하고 헌신해야 한다. 내가 세운 목표는 지금 당장이라도 행동할 수 있을 만큼 자극적인 것이어야 한다. 분명한 성취가 있고 소중한 보람이 가득한 것이 아니라면 목표는 다시 세워져야 한다. 나의 목표가 올바른가, 아닌가를 판단할 수 있는 가장 훌륭한 기준은 '이 목표가 나를 움직이게 하는가'이다.

삶의 목표는 내가 가야 할 길을 분명하게 만들어준다. 목표가 분명한 사람은 시간이 그냥 흘러가게 두는 일을 결코 용서하지 않는다. 시간을 쪼개고 나누어 쓰는 일에 놀라운 기술을 발휘한다. 나를 움직이게 하는 목표를 잘 세우는 일이 곧 내 인생의 낭비를 막는 길이라면 더 이상 주저할 이유는 없다.

목표를 가진 사람은 뿌리를 깊게 내린 삶을 산다. 자신에게 치명적인 위기나 위험이 와도 쉽게 흔들리지 않는다. 만약 위기에 흔들리거나 비틀거리는 일이 생긴다 할지라도 다시 전열을 가다듬는 속도는 아주 빠르다. 빨리 제자리를 찾는다.

목표의식을 좁게 생각해서는 안 된다. 내 인생 전반에 걸쳐 하나의 목표를 설정하고, 시기별 목표를 함께 세우면서 가는 것이다. 현재 내가 취업준비생이든, 직장여성이든, 전업주부이든 현재의 내 모습이 앞으로도

 태산을 옮기려면 작은 돌멩이부터 날라야 한다. – 중국 속담

큰 변화가 없으리란 생각은 착각이다. 사람의 상황이나 환경은 언제든 변할 수 있고, 변화는 삶의 주인공인 내가 만들어야 한다. 이는 유사 이래 이 땅을 살다간 사람들이 온몸으로 증명한 사실이다. 나의 현재는 영원한 것이 아니다. 그리고 나를 평가하려고 세상의 잣대를 들이대서는 곤란하다.

일단 백지처럼 목표와 전략이 없는 상황이라면 밑그림을 크게 그려야 한다. 그리고 뚜렷한 색으로 확실하게 실선을 그려야 한다. 나의 욕망이 무엇이고 내가 늘 간절하게 생각하는 것이 무엇인가를 찾아내기 위해서 오늘부터라도 자기 안의 소리를 듣는 일에 조금 더 부지런해지자.

알리니 결국 하고 마네

소문을 사실로 만드는 강철여인

"나, 내년에 미국여행 갈 거야."

"나, 1년 안에 생활영어 소통에 문제가 없게 완전 마스터할 거야."

"나, 한 달에 한 곡씩 팝송을 완벽하게 소화할 거야. 내용까지도! 그래서 회식 때 노래방에서 발표할 거야. 점수 매겨줘."

M주식회사 여직원회 회장인 서른넷의 싱글 S는 늘 이런 식이다.

"나, ~할 거야."

"나, ~할 거니까 점수 매겨줘!"

"나, ~할 거야. 힘들까? 그럼 할 수 있을지 없을지 내기 해. 난 '할 수 있다'에 한 표!"

S는 무엇인가를 하겠다고 자주 공언하고 그걸 관심 있게 봐달라고 아우성이다. 그래서 가장 가까운 후배 K가 어느 날 퇴근 후 S에게 물었다.

"선배, 미국에 진짜 갈 거예요? 요즘 주머니가 불경기라며. 그건 그렇고, 영어, 그거 될까? 몇 년씩 한 사람도 쉽지 않다는데. 그렇게 소문내면 부담되지 않아요?"

그랬더니 S가 대답했다.

"이보세요, 후배님. 소문내야 할 수 있다는 거 몰라? 소문낸 게 부끄럽고 부담되어서라도 이를 악물고 하게 되는 거라구. 꼭 해야 할 일, 꼭 하고 싶은 일은 소문내! 그리고 소문낸 만큼 망신살 뻗치고 싶지 않으면 열심히 하는 거야. 그동안 내가 소문내고 안 한 일이 뭐 그렇게 있었나?"

K가 곰곰이 생각해 보니 정말 S선배는 입 밖으로 신나게 '떠든' 일들을 안 한 적이 거의 없다는 걸 깨달았다. 그리고는 너무 놀랐다. 자신의 계획을 미리 소문내고 그걸 확고한 사실로 만드는 S선배의 전략에 감탄하며, 보이지 않게 땀을 흘렸을 노력에 찬사를 보내고 싶어졌다. K는 믿는다. S선배가 내년에 꼭 미국여행을 하고 말 것이라는 사실을. 유창한

생활영어로 어디를 가도 웬만한 의사소통에는 그다지 불편이 없을 것이라는 점을 믿는다.

힘든 일을 즐기는 나, 갈등은 이제 그만

내 가치관을 지키면서 다른 사람의 생각과 조화를 이루는 일은 많은 노력과 엄청난 정신력을 요구한다. 그러나 내가 선택한 확실한 목표가 있다고 해도 가까운 주변 사람들의 한마디 한마디에 요지부동하기란 쉽지 않다. 사실 우리는 다른 사람들의 눈을 너무 의식한다. 친구, 가족, 동료나 직장상사 등등. 스스로를 믿지 못하고 타인의 생각과 가치와 안목을 더 중요하게 받아들이기도 한다. 특히 여성들은 꼭 그렇게 할 필요가 없는 일상생활에서도 남들의 의견이나 생각을 무시하지 못한다. 옷을 하나 살 때도 같이 쇼핑하던 친구나 동료가 내가 선택한 옷이 '별로'라고 말하면 옷 사는 일을 포기한 적이 많을 것이다.

그러나 남의 눈보다 더 심각한 것은 바로 스스로가 만드는 '벽'이다. 지금 처한 환경, 과거의 실수, 또는 인식의 한계 때문에 스스로를 벽 안에 가둔다. 그런 생활 스타일에 오래 머물러 있으면 벽은 자꾸 높아지게 된다. 벽에 갇혀 있으면 자신의 '가치관'과 그 가치관에 따른 '목표'를 어느새 잊고 방황하기도 한다. 그러면 엄청난 스트레스와 좌절을 맛볼 뿐이다.

 그도 해냈고, 그녀도 해냈는데, 당신이라고 못 하겠는가? 지금 당신은 조금만 더 노력하면 닿을 수 있는 성공의 문턱에서 이런저런 핑계를 대며 머뭇거리고 있지는 않은가? - 김이율(작가)

내게 꼭 필요한 것은 무엇인가?

내가 가지고 있는 것은 무엇인가?

내가 준비해야 하는 것은 무엇인가?

무슨 일에 도전하기에 앞서 이 세 가지 질문을 스스로 던짐으로써 잠재력과 도전정신으로 파고들 일이다. 그리고 내 주위 사람들은 내가 잘 해 내는지 격려하고, 확인하고, 칭찬해 줄 사람으로 자리를 잡아주기만 하면 된다. 내 의지가 확고하고 비전이 있다면 굳이 그들의 훈수를 두려 한다 해도 듣기만 할 뿐 흔들리지 않을 것이다.

"나, 내년에 미국여행 갈 거야."
"나, 1년 안에 생활영어 소통에 문제가 없게
완전 마스터할 거야."
"나, 한 달에 한 곡씩 팝송을 완벽하게 소화할 거야.
노래방에서 발표할 때 점수 매겨줘."
"꼭 하고 싶은 일은 소문을 내!"

나를 키워주는 라이벌

경쟁하다 보니 다 왔네

L이 친구들과 함께 강원도로 주말여행을 갔다가 돌아오는 중이었다. 아직 집으로 갈 길은 많이 남았는데 '언제 집에 가나?' 하는 생각에 운전이 지겹고 지루하기 짝이 없었다. 가끔 졸음도 밀려오는데 옆에 앉은 친구들은 달게 자고만 있었다. 사실 여행 내내 자신이 운전을 가장 적게 했으니 누구한테 운전을 교대하자고 말하기도 민망해서 계속하긴 해야 할 노릇이었다. 그때 옆 차로에서 지프 한 대가 그리 어둡지도 않은 시간인데 환한 전조등을 켜고 휙 앞서갔다.

순간 L은 먹이를 발견한 맹수처럼 촉각을 곤두세우고 지프를 따라붙었다. 지프가 제한속도를 넘어서 달리지는 않았기 때문에 L은 지프를 따라가기로 결심했다. 지나치게 앞서가지도 그렇다고 뒤처지지도 않게 적당히 가기란 힘든 노릇이었지만, 안전운전을 하면서 은근히 경쟁해 보기로 했다. 지프는 L이 경쟁을 하면서 달린다는 것을 전혀 눈치 채지 못한 듯했고, 겉치장이 요란해서 눈에 띄긴 했지만 차선을 이리저리 바꾸거나 하는 식의 거친 운전을 하지는 않았다. 두 차는 나란히 선의의 경쟁(?)을 하면서 고개도 넘고 굽은 길도 함께 달렸다. L은 지프가 자신의 일행 같다는 착각을 했다. 졸음은 어느새 온데간데없고 지루함이나 지겨움도 날려버린 지 오래되었다. 적당히 기분 좋게 리듬을 타면서 운전을 하는 기분이었다. 그렇게 가다가 아쉽게도 지프는 길을 꺾어 다른 도시로 들어가 버렸다. 그 순간 은근히 서운하고 맥이 빠졌다.

그러나 L은 벌써 집이 있는 서울 가까이에 와 있었다. 이 정도라면 지루할 새 없이 집까지 운전할 수 있을 것 같았다. 비록 달리는 차를 경쟁 상대로 삼은 위험은 있었지만 그렇게 경쟁하다 보니 어렵지 않게 목적지 가까이에 와 있었던 것이다.

적절한 라이벌은 충분히 나의 견인차 역할을 한다. 힘든지도 모른 채 일을 해치우게 만든다. 지루함을 모르는 것은 당연하다. 서로 해가 되지 않는 라이벌은 장거리 경주에서 더욱 필요하다. 인생은 장거리 경주. 나와 정정당당하게 경쟁할 상대가 있다는 것은 축복이다. 둘 중 누구도 먼저 포기해서는 안 된다. 한 사람의 포기는 남은 한 사람의 사기를 뚝 떨

어뜨린다. 끝까지 함께 가야 하는 숙명으로 서로 일으켜주고 이끌어줄 수 있을 라이벌을 만들어라. 결국 좋은 친구로 남을 것이다.

알아봤다면 사랑하기

좋은 라이벌은 거저 얻어지는 것이 아니다. 나 역시 상대에게 좋은 라이벌이 될 수 있어야 한다. 반칙이나 변칙 없이 페어플레이를 할 수 있어야 한다. 이기기 위해서 경쟁자를 험담하거나 사생활까지 험담의 빌미로 이용하면 그건 이미 지는 것이다. 있는 그대로의 사실을 말하는 것이라고 해도 험담과 종이 한 장보다 못 한 차이가 날 때가 있다. 친한 사이일수록, 공정한 경쟁을 해야 하는 상대일수록 예의를 지켜야 한다. 한 직장 안에서 동료를 깎아내리거나 험담하는 일은 노골적인 열등감의 표출로 보이기 쉽다.

차라리 라이벌을 틈나는 대로 칭찬하는 것이 더 좋다. 별로 칭찬할 것이 없다 하더라도 사소하고 작은 일로 칭찬거리를 찾는다. 그리고 남의 험담을 하는 자리가 있다면 듣기만 하거나 그 자리를 빨리 벗어나는 것이 사람들의 신뢰를 더 빠르게 얻을 수 있다. 그 자리에서 들은 이야기에 대해 입이 무거워야 하는 것은 상식이다.

라이벌보다 내가 먼저 인정받고 우위의 자리에 서고 싶은 건 당연하다. 하지만 그런 결과에만 집착하면 과정은 생산적이지 못하기 쉽다. 동료나 상사, 혹은 후배들을 '경쟁에서 이겨야 할 대상'으로 생각하지 말고 나의 훌륭한 스파링 파트너, 혹은 페이스메이커로 인정하는 것이 라이벌과 좋은 관계를 설정하는 첫 출발이다. 그 어떤 사람도 장점과 강점은 한 가지씩 있기 마련이다. 상대의 장점과 강점, 나보다 뛰어난 점을 찾아 인정하고 존경을 표한다.

세계적인 화가 마티스와 피카소도 처음 만난 순간부터 서로를 알아보고 견제하기 시작했지만, 서로의 장점과 천재성을 인정했고 서로 힘을 북돋웠다. 증기기관차가 꾸준히 공급되는 석탄 때문에 힘 있게 잘 달리는 것처럼 서로에게 우정과 존경, 상대를 인정하는 자세를 표현하며 달려야 성장하는 관계로 발전할 수 있다.

라이벌이 없는 사람은 마음과 머릿속에서 꿈이 사라져버린 것과도 같다.
– 류량도(성과경영 전문가)

자기 그릇보다 크게 꾸는 꿈

크게 꿈꿀 수 있는 힘

대부분의 사람들은 자기가 할 수 있는 만큼 꿈꾼다. 그렇지 않은가?
자기 그릇 안에서 사람들은 열망하고 꿈꾼다. 공상에 가깝거나 너무 허
황되지 않다면 누구나 꿈을 이루며 산다. 근데 누구나 이룰 수 있는 소망
인데도 나에겐 유독 너무 멀어 보이는 이유는 무엇일까? 아직 한 번도
시도해 보지 않은 생소한 분야의 일이기 때문일 수도 있고, 지금 이 자리
에 그럭저럭 만족하고 있거나, 엄두가 나지 않거나, 귀찮기 때문일 수도
있다. 좀 불만스럽다 할지라도 아직 이 자리를 박차고 나갈 어떤 절박함
이나 절실함이 없기 때문일 수도 있다.

도저히 이룰 수 없다고 지레 포기할 일도 애초에 다른 사람이 이루어 놓은 일이다. 나라고 못 할 이유가 그 어디에도 없다. 단지 내가 그 사람과 다른 이유는 그는 낙관적인 자세로 스스럼없이 실천을 통해 성취를 보여주었다는 것이고, 나는 '나이기 때문에, 나로서는 도저히 할 수 없다'며 미리 절망했다는 것이다.

자기 그릇보다 한 단계 높은 꿈을 겨냥할 때 당신은 자신의 한계에 직면하게 될 것이다. 그러나 자신이 미리 설정해 놓은 한계를 뛰어넘었을 때의 짜릿한 성취감은 그 무엇과도 바꿀 수 없는 기쁨을 준다. 무엇이든 이루고 싶은 일이 있다면 실패에 대한 두려움을 버리는 것이 중요하다.

간절히 원하고 시도 때도 없이 원하고, 못 이룰지도 모른다는 생각을 완전히 버리면서 순수한 믿음을 가져야 한다. 실패에 대한 두려움을 가지면 반드시 실패한다. 실패할지 모른다는 두려움을 버리고 간절히 원하라.

즐겁게 상상하고 이를 행동으로 옮기기 위해서는 좋은 예감을 온몸의 말초신경까지 전염시켜 보자. 나는 이것을 너무도 원하며, 나는 이것을 꼭 해낼 수 있다는 믿음을 몸과 정신 곳곳에 물들여놓아야 한다. 마음속 어딘가에서 "Yes, I can."이 아니라 "No, I can't."라고 속삭이는 소리가 들린다면, 그래서 도저히 앞으로 나가는 일이 불가능하다면 큰 줄기는 수정하지 말고 지금 당장 가능한 일부터 찾아서 시작해 보자.

 혹독한 여행을 함께할 사람 찾음. 저임금, 혹한, 오랜 암흑, 끝없는 위험, 귀국 보장 못 함. 성공했을 때에는 명예와 유명세가 따름. - 어니스트 새클턴(탐험가)이 신문에 낸 광고 문구

100% 순수한 긍정의 믿음만이 실천의 원동력

다 갖지 않아도 좋다

사람이 일을 하는 이유는 뭔가 자신이 이루고 싶은 것, 갖고 싶은 것이 있기 때문이다. 사람의 욕망은 가지면 가질수록 커진다고 하지만 우리는 다 가질 수도 없고 또 그럴 필요도 없다는 것을 조금씩 알게 된다. 그리고 다른 사람에게 꼭 필요한 것이 나에게는 아무짝에 쓸모없는 것일 수도 있다. 당연한 일이다. 나에게 필요한 것만 있으면 된다. 내가 원하는 것이 최고의 그 무엇이 아닐 수도 있다. 엄청난 성공이나 명예를 원하기보다 조금 더 낮은 곳에, 소박한 무엇일 수도 있다.

행복이란 남들이 선망하는 모든 것을 가졌을 때보다 내게 절실하게 필요한 것, 내가 정말 좋아하는 것을 가졌을 때다. 모든 것을 다 가지는 것은 불가능한 꿈이다. 그러나 열심히 노력하고 소망하는 무엇을 이루고자 하는 모습은 아름답다.

요즘 같은 디지털 시대는 변화의 속도가 워낙 빨라 그 속도를 잠시 놓치면 금방 뒤처지는 느낌이 들 때가 있다. 그런 시대에 뒤떨어지지 않으려고 안간힘을 쓰는 내가 안스러워 보일 때도 있다. 그동안 변화의 속도에 적응하지 못하는 나를 탓해 왔다면 이제는 그런 생각을 조금 바꿀 필요가 있다. 사실 변화의 이면을 잘 들여다보면 거기에는 거대한 경제적. 사회적 의도가 있는 트렌드가 끊임없이 생산되고 있음을 알 수 있다. 물론 경제적 환경이나 세계적인 추세도 한몫 거들긴 하지만 그 트렌드라는 것도 6개월을 채 못 넘기고 바뀌는 것이 현실인 점을 볼 때 자기 자신의 속도를 가지고 중심을 잡는 것이 더 중요하다.

변화에 둔하지 않되, 유행에는 거리를 둔다. 유행의 유효기간은 짧다. 그렇기 때문에 내 삶의 지도를 그리고 내 인생의 비전을 세울 때는 유행의 영향에서 거리를 둘 필요가 있다. 변화에 대한 '더듬이'는 늘 세우면서 탐색하되, 유행으로부터는 적당한 '거리'를 유지해야 한다.

인생은 '마라톤'에 비유된다. 아무리 시기별로 나누어 삶을 설계한다 해도 '100미터 달리기' 같은 단거리 기록 싸움에 비유될 수는 없다. 오래, 먼 거리를 뛸 것에 대비하여 숨을 자주 고르고 급하게 뛸 생각은 말아야 한다.

약한 사람일수록 빨리 결론을 내리고 싶어 한다. 반면에 강한 사람은 결과에 연연하지 않는다. 결론을 미리 낸 후 거기에 자신의 행마를 짜맞추는 일 따위는 결코 하지 않는다. ─ 가와기타 요시노리(작가)

60세에 시작해도 좋아

행복의 순도 99.999%

행복한 사람들은 누굴까? 자기가 가장 즐겁게 좋아서 하는 일을 직업으로 가진 사람이 아닐까? 세상의 많은 사람들이 자신의 삶에 만족하지 못하는 이유는 좋아하는 일을 하면서 살지 못하기 때문이다. 하루 종일 서서 일하는 마트의 계산원부터 대기업의 커리어우먼까지 여러 직업군에 종사하는 여성들을 한 명, 한 명 심층 인터뷰를 해보면 "본래 내가 진짜 하고 싶은 일은 따로 있다."라고 말하는 것을 어렵지 않게 들을 수 있다. 그만큼 자신이 하고 싶었던 일을 하며 사는 사람은 많지 않다는 것이다. 신명이 날 리가 없고 열정이 생길 리 없다. 그냥 마지못해 일을 하다 보니 적당히 일이 손에 익어서 견딜 만해지고 그러면서 그럭저럭 살아가게 된다.

사회에 처음 진출할 때부터 자신의 마음에 쏙 드는 일을 하는 사람은 아주 적다. 대부분의 사람은 직업을 구할 때 '내면의 열망'에 초점을 맞추기보다 '현실의 조건'과 당장 누리게 될 이익을 우선시한다. 일과 자신의 기질이 어긋나는 또 하나의 이유는 자신이 진정 원하는 것이 무엇인지 모르기 때문이다.

자신이 좋아하는 일을 찾는 작업은 삶이 다할 때까지 계속되어야 한다. 설령 좋아하는 일을 60세에 찾았다 해도 이제부터 시작하는 것이다. 60세부터 10년간 자신이 좋아하는 일을 하다가 생을 마친 사람과 한 번도 좋아하는 일을 해보지 못하고 삶을 마친 사람과는 행복의 품질이 다르다.

지금부터 내가 좋아하는 일, 내가 정말로 간절히 원하는 일을 찾는 것부터 시작하자. 자기 분야에서 성공한 많은 사람들은 그저 노력만으로 성공한 것이 아니다. 그 일을 너무 좋아했기 때문에 자연스럽게 열정이 생겨 밤을 낮 삼아 일했다. 밥 먹는 것도 잊고 즐겁게 일했기 때문에 전문가가 되고 최고가 된 것이다.

한 시즌에 토슈즈 150켤레를 닳아 없애고 하루에 19시간을 춤출 때도 있다는 발레리나 강수진이 발레를 좋아하지 않고 춤추는 것을 좋아하지 않았다면 어떻게 그런 살인적인 연습량을 스스로 소화할 수 있었을까.

춤추는 일이 즐거웠기 때문에 발이 만신창이가 되는 것도 모르고 그렇게 춤추고 또 추었던 것이다. 스스로 좋아하지 않는 일을 쥐어짜는 노력만으로는 절대 성공할 수 없다는 것을 그녀는 온몸을 통해 보여준다.

자신이 진정으로 좋아하는 일을 하는 사람과 겨뤄서 이길 사람은 아무도 없다. 진정 원하는 일에 온전히 자신을 바치면 주위 사람들에게까지 그 열정의 기운이 전달된다. 당신과 같은 목표를 갖고 함께하겠다는 동지를 만날 수도 있다. 노력은 미덕임에 틀림없지만 노력만 가지고는 한계가 있다.

내가 좋아하는 일을 찾는 것은 내 삶을 사랑하고 나를 사랑하기 위한 가장 중요한 과정임을 알아야 한다.

싫어하는 일부터 지우기

생각보다 많은 사람들이 '내가 정말 좋아하는 것'이 무엇인지 잘 모른다. 자신이 좋아하는 일을 찾은 사람은 그걸 하기 위해 현실적인 문제해결 단계로 들어가면 되지만, 좋아하는 일이 무엇인지도 모르는 사람은 뭘 어떻게 해야 하는지 알지 못한다.

이는 사람들이 자기 자신을 의외로 잘 모른다는 것이다. "넌 날 몰라!", "나는 내가 잘 알아!" 등의 말을 하기는 쉽지만, 오히려 자신보다 남이 자신에 대해 더 예리하게 지적하는 경우가 있다. 그 지적을 듣고 자신의 내면을 깊이 들여다보는 일에 익숙해진 사람이라면 진작 좋아하는 일을 찾았을 것이다. 그러나 이도 저도 아닌 사람들은 스스로 찾아야 한다.

우선 자신에게 관심을 가지는 것이 중요하다. 자기 자신을 만나기 위해 지극한 정성을 쏟고 관심을 가져야 한다. 아무리 생각하는 것을 싫어하는 사람이라도 자신이 좋아하는 일을 쉽게 찾아내지 못한다면 자신의 내면을 깊이 들여다봐야 한다.

조금 더 쉬운 방법은 자신이 싫어하는 일을 솎아내는 것이다. 싫어하는 일은 좋아하는 일보다 분명하고 찾기 쉽다. 여기서 유의해야 할 점은 사회적으로 선호되는 일과 직업이라도, 나 스스로 싫어하거나 의미를 찾을 수 없는 것이라면 단호하게 싫어하는 리스트에 올릴 수 있어야 한다.

끝으로 과거를 통해서 자신이 좋아했던 것이 무엇인지 알아내는 것이다. '나는 어떤 일을 했을 때 즐겁고 행복했지?', '나는 어떤 일을 하면서 시간 가는 줄 몰랐을까?' 하는 경험을 찾아내는 것이다. 그리고 현재 하고 있는 일과 연결지어 그 길을 찾는다. 길은 여러 갈래일 수 있는데, 그 과정에서 몇 번 거르고 걸러 최종적으로 낙점한다. 상상만으로도 즐거워지는, 그런 일을 발견했다면 일차 성공이다.

 제발 30대에 뭔가 이루어야 한다는 생각을 버려. 네가 몇 년 노력했어? 네가 몇 년 돈 벌었어? 네 나이에 집을 사면 그게 정상적인 자본주의냐?
– 김미경(아트스피치 강사)

생각보다 많은 사람들이 '내가 정말 좋아하는 것' 이
무엇인지 잘 모르고 있다.
이는 사람들이 자기 자신을 의외로 잘 모르는 데 원인이 있다.
자신을 만나기 위해 지극한 정성을 쏟고 관심을 가져야 한다.
상상만으로도 즐거워지는, 그런 일을 발견했다면 일차 성공이다.

지금 하지 않으면 안 된다

당장 하고 싶어 엉덩이가 들썩이는 까닭

K의 여고 시절 동창생이 유명 문학잡지에서 공모한 문학상에 당선되었다. K가 그 친구에게 "어떻게 이런 고된 정신노동을 자신의 길로 선택했느냐?"라고 물었다. 친구는 중학교 1학년 때 국어선생님 탓(?)이라고 했다.

K의 친구는 시골에서 중학교 1학년 1학기까지 다니다가 그해 여름방학에 도시로 전학을 왔다. 한 학년이 세 반이라 가족적인 학교 분위기에 익숙했던 그녀는 한 학년마다 8~9개반이 있는 '거대한' 새 중학교에 쉽사리 적응하지 못했다. 시골학교에선 어떤 선생님이라도 아이들 이름을

전부 외우고 개개인의 특성과 개성대로 칭찬과 지도를 받았던 터라, 그녀의 이름조차 쉽게 기억하지 못하는 선생님들과 어수선한 분위기의 학교에 정을 붙이지 못했던 것이다. 그러던 중 국어시간 독후감 숙제를 냈던 날이었다. 국어선생님은 수업 중에 "이제까지 보지 못한 특별한 독후감, 특별한 글쓰기"라고 그녀의 독후감을 소개하면서 그녀를 반 친구들에게 확실하게 알려주었다. 그 이후 그녀는 국어시간이 환상적으로 좋았고 국어공부가 한층 더 재미있었다. 글쓰기 숙제가 많아지길 은근히 기대했고, 국어선생님의 한마디 한마디가 모두 피가 되고 살이 되는 기분이었다고…. 그러면서 어느새 학교생활에 즐겁게 적응한 자신을 발견하게 되었다고 한다.

우연한 만남, 단 한 번의 칭찬으로 새로운 삶은 시작된다.

우리 삶에선 치밀한 계획 없이 무작정 시작한 일이 의외의 성공을 거둘 때가 있다. 오히려 계획을 세우고 오래 검토하고 신중하게 생각하고 생각하고 또 생각만 하다가는 김빠진 맥주처럼 되기 십상이다. 행운은 뒷머리가 없어서 곁을 지나간 후에 잡으려 하면 잡히지 않는다고 한다. 기회란 눈앞에 다가왔을 때 낚아채야 한다. 바둑에도 장고 끝에 악수라는 말이 있다.

평소 좋아하던 일이고 탄력 받을 수 있는 동기만 확실히 생기면, 시키지 않아도 저절로 신바람 나서 거뜬히 해내는 게 사람이다. 실패가 두려워 완벽한 계획서를 만들려고 뜸들이기보다는 진행하면서 겪게 될 시행

착오를 그때그때 상황에 맞게 고치면서 나아가는 게 훨씬 빠르다는 점을 잊어서는 안 된다.

당장 하고 싶어서 엉덩이가 들썩이는 일이라면 너무 오래 뜸들이지 말자.

이벤트가 팡팡 터지는 생활

목적의식이 있는 사람은 자신의 일에 대해 열정적이고 헌신적이다. 그들은 끊임없이 노력하면서 결과가 나올 때까지 오랜 시간 기다리는 일을 즐긴다. '즐거움'은 가장 큰 경쟁력이다. 즐거운 동기부여는 이러한 기다림을 가능하게 한다. 내가 맡은 일에 최선을 다할 수 있는 의미를 찾는다면 자신의 10년, 20년 후의 먼 미래 모습을 그리며 나아가는 일이 수월해진다.

그러나 좋아서 시작한 일이었다고 하더라도 시간이 지날수록 힘이 빠지고 흥미를 잃는 경우도 다반사이다. 아무리 좋아하는 일이라도 어려움과 장애가 생긴다. 이런 어려움을 이기는 데 힘이 될 수 있는 선물을 준비할 필요가 있다. 자기를 위한 이벤트를 마련하는 것이다.

만약 지금 배우는 중국어회화 중급과정을 통과하면 내게 어떤 선물을 줄까. 좋아하는 친구와 맛있는 고급 중국요리 전문점에서 식사를 하겠

하나님은 자기와 똑같은 모습으로 인간을 만들었다. 겉모습뿐만 아니라 속모습도 마찬가지다. 그분에게 불가능이 없듯이 같은 유전자를 가진 우리에게도 불가능이 있을 리 없다. — 작자 미상

다거나, 중국어 노래를 다운받아 들을 수 있게 스마트기기를 사서 자신에게 선물하기, 상급과정을 통과하면 3박 4일 북경패키지 여행을 하겠다 등등, 평소에 하고 싶었던 일을 포상으로 걸고 그 일을 즐겁게 할 수 있는 장치를 마련하는 것이다.

작은 목표들을 군데군데 놓아 그것을 이룰 때마다 자신을 격려하고 칭찬하고 그것에 대한 적절한 보상을 한다면, 일에 몰입하면서 잠재능력을 최대한 이끌어낼 수 있을 것이다. 보상이 구체적이고 이유가 명확할수록 에너지는 더욱 강력해진다.

성공화(畵)를 그려봐

시각화로 거는 자기최면

성공에는 특별한 왕도가 없다. 정도도 없다. 사람이 자기 인생을 성공적으로 만드는 과정은 사람 수만큼이나 여러 가지다. 여러 인생 선배들의 말과 행동을 본받고 따라감으로써 그 길에 이르기도 하지만, 그냥 그 사람이 간 길이 그대로 새로운 길이 되기도 한다. 새로운 일을 하기가 두렵고 어렵다면 의외로 실천하기 쉬운 방법을 따라해 보는 것은 어떨까.

그건 자신의 꿈을 시각화하는 것이다. 꿈이란 갖고 싶은 것일 수도 있고, 하고 싶은 일일 수도 있고, 되고 싶은 사람일 수도 있다. 갖고 싶은 것을 적어보자. 하고 싶은 일을 적어보자. 자기 꿈과 관련된 사진이나 그

림을 모아서 붙이는 것도 좋다. 갖고 싶은 차, 살고 싶은 집, 멋진 라이프 스타일이 드러나 있는 사진들, 멋진 여행 잡지, 은퇴 후의 꿈꾸는 삶, 골프, 승마, 수영, 스키, 스파 등 잡지에서 마음에 드는 꿈이 보이거든 과감히 오려서 침대 머리맡이며 냉장고, 화장실 거울 앞에 붙여보자. 이 '소망 게시판'이 눈에 띌 때마다 원하는 삶의 방향에 대해 다시 한 번 생각하고 영감을 얻게 될 것이다.

내가 되고 싶은 것, 하고 싶은 일, 이루고 싶은 일을 적은 종이를 벽에 붙여놓고 지내는 일이 어쩐지 유치해서 쑥스럽고 부끄럽다는 생각이 들 수도 있다. 하지만 결코 유치하고 가치 없는 일이 아니다. 수많은 사람들이 이 시각화를 통해서 자신의 꿈을 '미리보기' 하고 결국 그 꿈을 이루었다.

판타지 소설 〈해리포터〉를 써서 세계적인 작가가 된 조앤 롤링은 자신이 상상하는 것을 글로 시각화했다. 조앤 롤링은 가난하고 힘겨운 현실을 호그와트로 떠나는 역으로 설정했고, 마법학교를 짓고 상상의 나래를 펼쳤다. 그것을 글로 옮김으로써 독자들을 환상의 세계로 초대했다. 〈해리포터〉가 대박이 나면서 롤링 자신도 환상적인 갑부가 되었다.

모든 것은 자신이 생각하는 대로, 간절히 염원하는 대로 이루어진다. 사람의 마음은 자석과 같아서 자신이 생각하는 것을 끌어당긴다. 내가 꿈꾸는 일을 잘 보이는 곳에 붙여두고 '내 삶의 예고편'을 미리 보는 것을 즐기자. 자주 들여다보면 볼수록 꼭 해낼 수 있을 것만 같은 예감이 내면에 차곡차곡 쌓이게 된다.

내가 꿈꾸는 삶이 낯설지 않고 점차 익숙해진다는 것은 분명 내 것이 되는 시간이 가까워졌다는 신호다.

한 가지를 줄기차게 보여주라

'마누라가 예쁘면 처갓집 말뚝을 보고도 절을 한다.' 라는 속담이 있다. 마누라가 예쁜 것과 처갓집 말뚝과는 아무런 상관이 없지만, 마누라가 좋으면 마누라가 무엇을 해도 좋게 보인다는 뜻이다. '한 가지를 보면 열을 안다.' 라는 말은 한 가지를 보면 열 가지가 예측된다는 뜻이다. 인사성이 밝은 사람은 다른 예절도 바를 것이라고 생각하는 것처럼 한 가지 좋은 면을 보여주면 다른 것도 좋아 보이기 마련이다.

하지만 긍정적인 이미지를 지속적으로 유지하려면 '한 번'으로는 부족하다. 좋은 인상을 결정지을 수는 있지만, 계속 만나야 하는 관계에서는 자칫 잘 보이기 위한 가식처럼 보일 수 있는 위험이 있다. 한결같은 모습이 그 사람의 신뢰도에 더 큰 영향을 미친다.

세계 각국에 수많은 팬을 거느린 할리우드 스타 안젤리나 졸리는 배우활동 외에도 오랜 세월 지켜온 특별한 사생활로 내적인 아름다움도

의식적으로 방향을 잡지 않으면 삶은 절대 변하지 않는다. 이 말은 '늘 그렇고 그런' 삶의 중요한 핵심이다. – 레지나 리드(정리 전문가)

갖춘 '한결같은 배우'라고 칭송받는다. 그녀는 10년 넘게 유엔난민기구 친선대사를 맡아 적극적인 구호활동을 해온 것으로 유명하다. 그녀는 자신이 필요하다고 생각되는 곳은 전쟁 중인 지역도 마다하지 않고 달려가곤 한다. 자신이 낳은 아이 외에도 베트남, 캄보디아, 에티오피아에서 3명의 아이를 입양해 입양에 대한 사회적 인식을 크게 바꾸어놓기도 했다. 외모는 닮고 싶어도 마음까지 닮고 싶은 스타는 그렇게 흔하지 않다. 안젤리나 졸리는 꾸준한 활동을 통해 만인의 워너비 스타가 되었다.

늘 약속시간보다 먼저 나와서 기다리는 여자, 엘리베이터를 타지 않고 걷기를 좋아하는 여자, 점심식사 후엔 하얀 운동화로 갈아 신고 가까운 곳을 산책하는 여자, 매월 1일에는 읽을 만한 신간목록을 정리해서 동료들에게 이메일로 나눠 주는 여자 등등 확실하게 '나' 하면 떠오를 수 있는 좋은 이미지를 꾸준히 심어가자. 이런 일들은 돈이 들기보다 마음이 드는 일이다. 그리고 시간도 필요한 일이다.

꾸준한 활동이 '나'라는 브랜드를 각인시키는 일임을 잊지 말자.

타오름
오래 뜨겁게 일한다

올인했다가 쪽박을 찬다고 해도 해보겠다는 자세로 일하자.
콩나물을 키워본 사람은 알 것이다.
실패는 물처럼 흘러가겠지만 목표는 포기하지 않는 힘과
승부 근성이 콩나물처럼 무성히 자라나 있을 테니까!

어려움에서 성공의 틈새를 찾아낸다

'불가능'이란 단어를 지운 나폴레온 힐

시작도 하기 전에 주어진 일을 해내지 못할 사람을 가리는 일은 그다지 어렵지 않다. 그 사람은 초장부터 시끄럽다. 변명과 핑계는 기본이고 나름대로 논리적인 말까지 동원해 온통 그 일을 할 수 없는 이유를 늘어놓기 마련이다. 그런 사람은 일을 맡겨보지 않아도 절대 해낼 수 없는 사람이란 걸 알 수 있다.

데일 카네기와 쌍벽을 이루는 성공학자 나폴레온 힐의 생일날, 그의 성공학 세미나를 들었던 제자들이 멋지고 두툼한 사전을 그에게 선물했다. 단상에서 사전을 받은 나폴레온 힐은 펜을 꺼내고는 이렇게 말했다.

"여러분, 이 멋진 선물을 받게 되어서 참으로 기쁘게 생각합니다. 하지만 나는 이 사전을 받을 수가 없습니다. 왜냐하면 이 사전 속에는 내가 가장 싫어하는 말이 실려 있기 때문입니다." 그리고는 사전에서 '불가능'이란 말을 찾아내어 펜으로 지워버렸다. "자, 이제 이 사전을 받을 수 있게 되었습니다. 나는 '불가능'이란 말이 실려 있는 책을 받을 수가 없습니다. 왜냐하면 나는 이제까지 불가능이라고 일컬어지던 것들이 불가능하지 않았던 예들을 수없이 봐왔기 때문입니다. 나는 이 세상에 불가능이 존재하지 않는다고 확신하고 있습니다."

주어진 환경이나 여건은 내 맘먹기에 달려 있다. 환경은 주어지는 게 아니라 스스로 만들어가는 것이다. 모두들 뭔가 뜻대로 안 풀리고 힘들면 어렵다고만 한다. 그러나 어려운 곳일수록 틈이 있고, 우리들이 미처 못 보는 사각지대가 있기 마련이다. 가능성은 이런 사각지대를 찾는 것에서 비롯된다.

한 번도 써보지 않은 힘

누구나 세상을 살아가다 보면 자신의 힘으로 도무지 어떻게 해볼 도리가 없는 일들이 종종 생길 때가 있다. 이때가 인생에서 '고난'이다. 의지가 강한 사람들은 어떻게든 문제를 해결하려고 고군분투한다. 많은 경우 어떻게 해보려고 혼신의 노력을 기울일 때는 정작 문제해결의 방

 죽겠다, 죽겠다 하면 더 힘들다. 견딜 만하다고 해봐라. – 이상헌(행복 멘토)

법이 나타나지 않는다. 그런데 잠시 한 발 물러나서 문제를 물끄러미 바라보는 순간 홀연히 해결방법이 나타나는 경우가 많다.

어떤 영화에서 등장했던 배우를 기억해 낼 때 얼굴은 또렷하게 생각나도 도무지 이름이 생각 안 나서 몇 날 며칠 끙끙 안간힘을 썼던 경험이 있을 것이다. 꼭 배우 이름이 아니더라도 이와 비슷하게 어떤 것이 잘 생각나지 않아서 애먹은 경우가 누구에게나 있을 것이다. 생각해 내려고 애쓸 때는 얄밉게도 생각이 안 나다가 좀 잊었다 싶은 순간, 퍼뜩 떠오르는 것이다. 왜 그런 걸까? 이는 논리적으로 쉽게 설명할 수 없는 부분이다. 이것은 내가 그동안 쓰지 않은 힘이, 돌고래가 수면 위로 갑자기 튀어오를 때처럼 내 의식으로 튀어올랐다고 볼 수 있다. 그것이 잠재의식이다.

잠재의식은 뇌를 깨운다. 잠재의식은 새로운 생각, 새로운 아이디어를 만들어내며, 훌륭한 글의 소재를 제공한다. 자기 삶에 끌려다니지 않고 삶을 주도적으로 이끌었던 많은 인생 선배들은 자기 안에서 잠재의식을 깨워 그것으로 내적 동력을 삼았다. 눈에 보이는 인간의 능력은 사실 보잘것없다. 육체적인 힘이라고 해봐야 동물보다 나을 것이 없고 계산 처리 능력도 컴퓨터에 미치지 못한다. 그러나 겉으로 드러난 것이 나의 전부는 아니다. 자신이 알고 있는 자신의 모습을 능력의 전부라고 생각하면 실패에 이르는 수백 가지 변명부터 찾게 된다.

잠재의식을 깨우자. 이제껏 쓰지 않았지만 내재되어 있는 내 안의 힘을 믿고 시작하면 모든 것을 해낼 수 있다.

쪽박에도 남는 것

가진 것이 적으면 잃을 것도 없어

현재도 화려하지만 과거가 더 화려했다고 볼 수 있는 자기경영의 전문가 공병호 소장은 "가진 것이 적으면 잃을 것도 없다."라고 전직에 대한 두려움을 털어놓았다. 대표이사 같은 화려한 사회경력을 뒤로 하고 '공병호경영연구소' 라는 1인 기업을 시작한 것은 자신이 전문경영인으로 있던 회사가 매각되던 2001년 10월이다. 연구소나 큰 기업체에서 일하자는 제의를 뿌리치고 그는 지식을 파는 비즈니스 사업에 뛰어들기로 결심했다.

천하의 그라고 왜 두려움이 없었을까? 그는 연봉 1억 5,000만 원이 사

라진다고 생각하는 순간 눈앞이 깜깜해졌다고 토로했다. 월급 없이 산다는 일에 대한 두려움이 컸고, 모든 것을 버리고 새로 시작하기 위한 결단은 너무나도 어려웠다고 고백했다. 용기가 대단하다고 박수를 치는 사람도 있었지만 과연 밥은 먹고살 수 있을까, 아이들 교육은 제대로 시킬 수 있을까 같은, 생활을 유지해야 하는 어려움부터 눈앞에 스쳤을 것이다.

그러나 그는 자신의 적성에 대한 믿음으로 두려움을 물리쳤다. 조직사회의 구성원보다 자기 스스로 혼자 만들어가는 1인 사업이 적성도 맞고 능력도 발휘할 수 있을 것이란 확신이 들었다. 인터넷이나 정보통신의 발달은 집에서도 혼자 너끈히 일할 수 있다는 자신감을 심어주었다. 그는 자신 스스로를 고용해서 자신이 잘할 수 있는 일을 하기 시작했다.

과거의 이력이 화려한 사람일수록 실패에 대한 두려움은 더 크다. 아예 가진 것 없고 잃을 것 없는 사람이 무슨 일이든 저지르기 쉬운 법이다.

나 자신이 요즘 너무 보잘것없는가. 내 삶이 제대로 이루어놓은 것이 없다는 생각이 드는가. 나는 좋은 배경도 든든한 후원자도 없고 너무나 가진 것이 없어 초라하다고 생각하는가. 그러면 더 잘 되었다. 무엇이 두려운가. 별로 쌓아놓은 것 없으니 무너질 것도 손해볼 것도 없지 않은가. 바로 이런 때가 두려움을 떨칠 수 있는 절호의 기회다. 아는 것 없고 가진 것 없으면 그대로 온몸으로 부딪혀서라도 배우고 알아가면 되지 않겠는가. 가진 것이 많은 공병호 소장에게서 배울 수 있는 것은 모두 버릴 수 있는 용기다. 그는 결과적으로 아무것도 잃지 않았다.

'올인' 했다가 쪽박을 찬다고 해도

　연예인들의 인기는 롤러코스터와 같다. 처음 시작이 좋았던 연예인들이 자기관리를 못 해서 한순간에 바닥으로 내려가는 경우도 많이 있고, 오랜 무명 생활 속에서도 포기하지 않고 결국은 얼굴을 알리고 재능을 인정받아 느지막하게 사랑받는 경우도 있다.

　배우 김명민은 사극 〈불멸의 이순신〉을 만나기 전까지는 아무리 노력해도 좋은 기회가 오지 않아 이민까지 결심했다고 한다. 하지만 이제 김명민은 연기 잘하는 스타배우이자 흥행배우로 몸값 높은 톱스타가 되었다. 배우 김인권 역시 오랜 무명의 시간을 보냈지만 그 안에서 다져진 연기 내공은 주연보다 더 빛나는 명품 조연으로 주목을 끌었고, 〈퀵〉, 〈방가방가〉로 이어지는 주연 자리를 꿰찼다.

　처음부터 사랑만 받고 어려움이 없던 사람은 작은 실패에도 깊은 좌절을 맛본다. 눈물 젖은 빵을 오래 먹은 사람은 그 안에서 시련을 이기는 내공이 쌓인다. 그러면서 오래도록 사랑받는 비결을 터득했는데, 그들이 말하는 성공의 비결은 대단한 것이 아니라 바로 '오늘'을 열심히 사는 것이었다. 사람들은 과거를 쉽게 잊는다. 자신에 관한 일도 그렇지만

남의 과거는 더 쉽게 잊어버린다. 연예인이든 일반인이든 매일매일 '오늘' 잘하는 것이 중요하다.

성 스캔들로 엄청난 시련을 겪고 바닥까지 내려앉았던 가수 모 씨는 컴백 당시 안티팬들의 항의와 악의적인 비판에 시달렸지만 결국 이겨내어 재기에 성공했다. 당시 인터뷰에서 그녀는 눈물을 쏟으며 이런 말을 했다. "그 일을 겪으며 엄청난 고통에 시달렸지만 나는 배운 것이 너무 많았다." 확인할 수는 없지만 그녀가 배운 것은 공인으로서의 처신, 철저한 자기관리 같은 것에 대한 공부가 아니었을까. '어린 여자'로서 자신에 대한 모든 것이 샅샅이 까발려진 고통스런 상황이었지만 그러한 시련 속에서 앞으로 오래 연예계 생활을 하는 데 밑거름을 다졌던 것이다. 잃은 것만 있었던 것이 아니다. 시련 속에는 분명 더 소중하게 남는 것이 있다.

우리가 어떤 일을 계획하고 실천하려고 할 때 실패에 대한 두려움은 누구나 있기 마련이다. 하지만 이 두려움을 이겨내는 사람은 실패를 하면서도 결국 성장한다. 실패는 돈 주고도 살 수 없는 소중한 경험이고 성공과 성장의 밑거름이다. 성공한 사람들의 이면에는 책을 써도 족히 한 권 이상은 쓸 수 있는 실패담이 자리하고 있다. 그들은 그 실패를 딛고 더 단단하게 성공의 바탕을 마련한 것이다.

여성이 근성 없다는 소리를 자주 듣는 건 '그래, 실패하면 어때? 다시

하면 되지 뭐.' 하는 쿨한 도전정신이 없는 탓일 수도 있다. 사람이 자기 목표를 포기하지 않는 근성을 가졌다는 것은 큰 재산이다. 근성은 얼마든지 언제든지 축적할 수 있는 무형의 지적 재산이다. 더 이상 두려워하지 말자.

올인했다가 쪽박을 찬다고 해도 해보겠다는 자세로 일하자. 콩나물을 키워본 사람은 알 것이다. 실패는 물처럼 흘러가겠지만 목표는 포기하지 않는 힘과 승부 근성이 콩나물처럼 무성히 자라나 있을 테니까!

일이란 나의 역량을 향상시키는 실행도구다. – 류랑도(성과경영 전문가)

끝까지 나를 믿어줄 후원자 '나'

시골 출신의 어느 음대생

그녀는 시골에서 자라 그곳 학원에서 피아노를 배우기 시작했다. 그리고 고등학생이 되어서야 서울에 있는 선생님을 찾아가 레슨을 받았다. 그녀는 선생님의 지도를 무리 없이 잘 따라갔고 새로 알려주는 것도 금방 알아듣는 명석함이 있었다. 그러나 그녀가 국내 최고의 학교에 입학할 수 있을지는 선생님도 반신반의했다. 선생님은 늘 '그녀가 조금만 더 빨리 서울로 나와서 본격적인 레슨을 받았다면 얼마나 좋았을까.' 하면서 안타까워했다.

대입 시험 결과, 필기시험은 월등했지만, 실기성적이 만족스럽지 못했다. 그래도 그녀는 편하게 면접시험에 응했다. 게다가 면접관의 질문은 약간 남아 있던 긴장과 두려움마저 일순간 날려주었다.

"작곡은 얼마나 공부했지?"
"예, 4년 했습니다."
"그 실력으로 우리 학교 같은 명문대학을 들어올 수 있겠어?"

그녀의 주소지를 보고 공부한 햇수를 물은 면접관의 질문에는 적잖은 조소가 담겨 있는 듯했다. '예고 출신도 아닌 시골아이가 겨우 4년을 해서 도전한다구?' 하는 비웃음 말이다. 그녀는 전혀 떨지 않고 당당하게 말했다.

"저는 경험 삼아 이 학교에 도전한다는 생각은 한 번도 한 적이 없습니다. 꼭 이 학교에서 공부하겠다는 생각으로 열심히 했습니다. 저는 음악을 사랑하고 좋은 음악을 만들 것입니다. 저는 최선을 다할 것이고 제 자신을 믿고 여기까지 왔습니다. 선생님들이 저를 떨어뜨리신다고 하더라도 저는 저에 대한 믿음을 버리지 않을 것입니다. 실망하지 않을 것입니다." 그녀는 면접을 마치고 나오면서 자신이 떨어질 것이라고 짐작하면서도 아주 편안하고 만족스러운 기분이었다.

그녀는 좋은 성적으로 합격했다.

"이거 어때?" 하는 습관을 버려라

여성들은 쇼핑할 때 혼자 다니는 것보다 누군가와 함께하고 싶어 하는 성향이 있다. 남의 쇼핑 따라다니는 것처럼 따분한 일도 없지만 그래도 여자들은 제법 상부상조하면서 쇼핑을 돕는다. 어떤 식으로 돕는가 하면 하나의 상품이 마음에 들면 같이 간 친구에게 "이거 어때?" 하는 식으로 묻는 것이다. 그리고 친구가 "별로야." 하면 주저하지 않고 그대로 제자리에 놓아버린다. 친구가 "어, 예쁘다. 괜찮은데." 하면 그제야 옷을 입어보기도 하고 신발을 신어보기도 한다.

아예 처음부터 혼자 쇼핑하는 경우가 아니라면 상품을 고를 때 친구의 조언에서 자유로울 사람은 몇 안 된다. 친구가 별로라고 하는데 내가 예쁘다고 해서 덜컥 사버리는 경우는 거의 없다. 아무리 취향이 달라도 친구의 한마디는 그 순간 절대적인 것으로 바뀐다. 여성들은 자신의 판단을 미심쩍어 한다. 이 선택이 옳은 것인지 틀린 것인지 누군가에게 확인받고 싶어 한다. 아버지나 엄마, 오빠, 남편의 판단에 내 판단의 많은 부분을 맡겨왔던 여성이라면 더더욱 자신의 판단에 대해 자신감을 가지지 못한다.

이런 부분에 취약한 사람에게 사회생활은 벌벌 떨리고 살얼음판을 걷는 기분일 수 있다. 이럴 때는 어떻게 해야 할지 저럴 때는 어떻게 해야 할지 판단이 서지 않고 늘 쩔쩔매는 가운데 시간만 흘러간다. 이러다 보면 쉽게 지치게 되고 생활에 질질 끌려 사는 기분이 될 것은 뻔하다.

나를 믿고 내 판단과 선택을 믿고 결연하게 결정해야 할 일이 잦은 곳이 사회다. 나를 신뢰하는 것은 내 판단에 대한 전적인 성공을 담보로 하는 것은 아니다. 실패할 수도 있다. 하지만 성공하든 실패하든 그 결과는 내가 책임진다는 생각으로 자신감을 가져야 한다. 자신의 판단이 성공적인 결과를 가져오지 못할 것에 대한 두려움을 버리자.

내가 나를 믿고 신뢰하지 못한다면 누군들 나를 믿고 일을 맡길 수 있겠는가.

예전의 '나'로 돌아가려고 하지 말고 현재 상태에서 가장 좋은 '나'가 되자.
— 조 월트샤이어(영국 저널리스트)

뭐든 혼자 해본다

다 뿌리치고 혼자 극장에

어느 웹사이트에서 영화 시사회 이벤트를 한다. 총 50명에게 1인 2매씩 준다. 한 카드회사에서 우수회원에게 준다면서 음악회 초대권을 보내왔다. 역시 2장이다. 여행 가고 싶다는 생각을 한다. 주위를 둘러보거나 수첩의 주소록을 뒤적인다. 함께 갈 사람을 물색한다. 친구에게 같이 가자고 전화한다.

우리나라 사람들은 여행을 가든 어딜 가든 '함께' 하기를 좋아한다. 이 '함께'라는 말을 뒤집어보면 꽤 '관계지향적'이라는 말과도 통한다. 어디를 가도 학연, 지연, 혈연으로 똘똘 뭉쳐서 혼자 무엇인가 하는 사람들을 뜨악한 시선으로 바라보기까지 한다. 이처럼 관계지향적인 부분이 강한 우리나라에서 변질된 집단이기주의가 횡행하는 것은 크게 이상한 일은 아니다.

그러다 보니 여럿이 하는 일은 잘하는데 혼자 해야 하는 일은 상대적으로 약하다. 특히 여성은 사적인 관계에 의존하는 경향을 보이는데, 이는 여성들이 빨리 극복해야 할 태도다. 아이들도 부모 품에서 나오려면 홀로 서는 아픔이 필요하듯 여성들이 스스로 홀로 서려는 과정에도 적지 않은 진통이 있다. 그러나 현대사회는 '스스로' 문제를 찾고 해결하는 창의성과 상황변화에 대응하는 유연성을 가진 여성을 원한다.

처음에는 간단한 것부터 혼자 하는 연습을 시작하자. 꼭 영화를 누군가와 같이 볼 필요가 있는가. 카페에서 친구와 실컷 수다 떨기보다는 혼자 가서 영화의 감동에 푹 빠지는 거다. 그리고 혼자 식사해 보라. 여성들은 의외로 이걸 어려워하는데, 한 번만 혼자 식당을 찾아 들어가 보라. 어디 가서 혼자 먹는 일이 쉬워져야 혼자 여행이 가능해진다.

어떤 일이든 처음이 어렵다. 딱 한 번만 혼자 저녁을 먹고 혼자 영화를 보고 돌아오자. 해보면 아무 일도 아닐 것이다. 그리고 왠지 뿌듯한 기운이 밀려오고 다음에는 어떤 일이든 좀더 대담하게 잘 해낼 것 같은 자신감이 생긴다. 요즘 시대는 함께하는 일에 익숙한 사람도 중요하지만, 무엇이라도 혼자 즐겁게 잘하는 능력도 필요하다.

홀로 서기의 완성은 경제적 독립

아무리 정신적인 자주독립을 외친다 해도 왠지 공허한가. 자신은 다른 사람에 대한 의타심도 없고 어리광도 없이 꿋꿋하게 잘 서 있는 것 같은데, 이상하게 다리 한쪽에 힘이 덜 들어간 것 같은 생각이 자꾸 드는가.

바로 중요한 독립이 이루어지지 않아서다. 이는 온전히 혼자 힘으로 살아갈 수 있는 경제적 독립이다. 내가 벌어서 쓰고 저축하는 시스템이 제대로 돌아가야 진정한 독립이라고 할 수 있다.

〈부자 아빠 가난한 아빠〉, 〈부자들의 음모〉로 우리나라에서도 크게 이름을 알린 로버트 기요사키의 아내인 킴 기요사키는 〈리치 우먼〉이라는 책으로 주목받았다. 그녀는 이 책을 통해 "여성이 진정으로 자유로워지려면 가장 먼저 경제적으로 자유로워져야 한다."라고 강조한다. 여자는 어느 순간에 이르면 홀로 자신의 생계를 책임져야 할 때가 오는데, 10명 중 8명은 이런 준비가 되어 있지 않다고 한다. 빈곤한 노인 4명 중 3명이 여자인데 그녀들은 남편이 살아 있을 땐 전혀 가난하지 않았다고 한다. 이렇듯 여자는 치열하게 관리하지 않으면 남자보다 가난해질 확률이 훨씬 높다.

자유와 당당함은 경제력에서 나온다고 해도 과언이 아니다. 열심히 일해서 나를 위해 멋지게 쓸 수 있는 데서 당당함이 나온다. 울타리를 박차고 나왔다면, 크게 벌지 못해도 내 생활규모에 맞게 경제를 꾸릴 줄 알아야 한다. 알뜰한 씀씀이와 꼼꼼한 재테크는 필수적이다. 투자할 능력이나 실력이 안 되면 알뜰하게 돈을 모으고 불려야 한다.

홀로 서기는 경제적인 독립과 여유에서 완성된다.

뜨뜻미지근하게 살지 말라. '어중간'이라는 건 없다. 물에 발가락만 담근 사람이 수영의 참맛을 알 수 있겠는가? 일을 하겠다는 건지 말겠다는 건지, 당신의 태도를 분명히 하라. – 류량도(성과경영 전문가)

장애물 뛰어넘기

일할 땐 씩씩해요

아직도 우리 사회는 깨야 할 벽이 많다. 깨지고 있는 벽도 많지만 깨지지 않은 부분이 더 많다. 특히 여전히 여성의 여성다움은 신화처럼 여겨지는 게 현실이다. 나를 보는 사람이나 나 자신이나 '그래도 모름지기 여자는 좀 이래야…' 하는 생각이 은연중에 튀어나오는 것을 숨길 수 없다. 잘못된 여성성의 신봉은 잘나가고 싶은 여성의 발목을 잡는 경우가 있다.

여성들은 조직사회에서 치열하게 잘 생활하다가도 어떨 때는 은근히 자신이 여성이라는 점을 유익하게(?) 이용해 보고 싶어 한다. 다소 험하거나 거친 일은 피해가려 한다든가, 아는 것도 모르는 척함으로써 내숭 9단의 정치력을 이용한다든가 하는 것이다. 여성 스스로가 이런 함정을 함정인 줄 모르고 빠져드는데, 이럴 때 자신을 아프게 채찍질해 줄 멘토가 있으면 좋으련만….

사회생활을 하는 여성은 소극적인 자세로는 아무것도 할 수 없다. 진취적이며 능동적이며 왕성한 의욕이 있어야 어떤 일이든 할 수 있고 역경을 헤쳐나갈 수 있다. 하고 싶은 일에 대한 열망과 성공에 대한 갈망은 있는데 자신의 내성적이고 소극적인 성격이 문제라면 이것도 과감히 개조할 수 있어야 한다.

변화, 개조에 대한 부담을 처음부터 크게 갖지 않는 것이 중요하다. 조급함은 금물이다. 사람이 변하는 일이 그리 쉬운가. 작은 일에서부터 예전처럼 하지 않는 습관을 기르기 시작하자. '여성답다' 는 말을 듣고 지금껏 수줍게 웃으며 고개를 떨어뜨렸다면, "하지만 일할 땐 씩씩해요." 하고 능청스레 받아보면 어떨까?

한 명의 사회구성원으로, 한 사람의 직장인으로 우뚝 선 다음에 나의 여성스러움이 꼭 발휘되어야 할 때 빛을 발하면 된다. 절대 여성임을 핑계 삼지 말고 최선을 다하는 자세로 살아야 한다. '성공하려면 남자처럼 살아라.' 라고 하는데, 이는 성격이 아니라 '실력' 으로 살아야 한다는 말이다.

조직에 약한 그대는 여자

여자로 태어났기 때문에 조직문화에 약한 것이 아니라 너무 여자로만 길러졌기 때문이다. 여성들은 사회생활을 시작하면서 적지 않은 장애를 겪는다. 여성들은 조직적인 감성을 훈련받을 기회가 적었고 소그룹으로 노는 일에 익숙해져 있다. 어린 시절을 돌아봐도 여자아이들은 혼자나 둘이서 놀 수 있는 놀이가 더 많은 반면, 조직 감성을 높일 수 있는 역동적인 놀이를 체험할 기회가 남자아이들에 비해 상대적으로 적다.

아직까지 우리나라에 여성 정치인이 많지 않은 이유도 유권자들이 여성 정치인을 선호하지 않아서라기보다는, 어릴 때부터 정치적인 이상이나 교육을 받아보지 못한 탓이 적잖다. 직장은 소리 없는 전쟁터다. 위아래에서 수많은 도전을 받는다. 큰 야망 없이 그냥 하루하루 봉급생활자의 생활에 만족하며 살았던 많은 수의 여성들은 조직 권력의 쓴맛은 물론 단맛조차 경험하지 못하고 물러서야 했다.

조직의 파워게임에서 승리자가 되는 일이 조직의 구성원으로서 궁극적인 목표는 아닐 것이다. 그러나 피할 수 없다면 맞서야 한다. 파워게임이 시작되었다면 조금 더 치밀한 전략적 사고, 조금은 계산된 행동 등 이성적인 사고가 유기적으로 일어나야 하며 경쟁적인 환경에서도 평정심을 유지해야 한다.

무엇보다도 끈기가 요구된다. 조직문화의 규칙을 온몸으로 체득하고 되도록 겸손하게 참았다가 기회를 보아 조금씩 앞으로 차고 나가야 한다. 성공한 여성들은 그 누구라도 산전수전 겪지 않은 사람은 없다. 하지만 이들은 조직사회에서 가장 중요한 덕목으로 요구되는 인내심과 끈기를 가지고 어려움을 이겨냈다.

'팩' 하는 성질이 있다면 죽일 일이다. '치사해서 못 하겠다' 는 소리가 목젖까지 올라왔다면 다시 꾹꾹 눌러서 내려보내라. 규율이나 형식보다 내용이나 가치가 중요하다고 백 번 외치고 싶어도 참아야 한다. 이런 것에 맞추지 못하면 남성들의 논리대로 움직이는 조직사회에서 살아남기 힘들다. 일단 살아남아야 다음 발을 뗄 수 있을 것 아닌가.

혁신을 이끌어내는 진정한 힘은 낙관에서 나온다. – 톰 피터스(비지니스 사상가)

직장은 소리 없는 전쟁터다.
위아래에서 수많은 도전을 받는다.
큰 야망 없이 그냥 하루하루
봉급생활자의 생활에 만족하며
살았던 많은 수의 여성들은
조직 권력의 쓴맛은 물론 단맛조차
경험하지 못하고 물러서야 했다.
무엇보다 끈기가 요구된다.
기회를 보아 조금씩 앞으로
차고 나가야 한다.

실수가 만들어준 나

실수의 반전효과

텔레비전을 보면 드라마나 광고 촬영 중 NG가 난 부분을 보여주는 걸 자주 볼 수 있다. 시청자들은 드라마 본방송이나 완성된 광고보다 NG 촬영분에 더 재미있어 하고 크게 웃는다. 광고의 경우는 실수한 장면을 일부러 끼워 넣어 소비자들이 상품을 조금 더 쉽게 기억하게 하는 전략을 쓰기도 한다.

문근영, 김연아의 뒤를 이어 '국민여동생' 이라 불리는 가수 아이유는 마케팅이 아니라 진짜 황당한 말실수의 연발로 화제가 되었다. 공식석상에서 넘어진 건 용서할 수 있는 귀여운 실수다. 그런데 가요 프로그램

에서 새롭게 진행을 맡게 된 두 MC를 축하해 주면서 자신이 MC를 맡고 있는 경쟁 프로그램 이름을 잘못 입에 올리는가 하면, 등장할 가수를 다른 가수 이름으로 소개하는 큰 실수를 저질렀다.

실수는 누구나 할 수 있다. 사후처리를 어떻게 하는가가 더 중요하다. 특히 타이밍을 잘 잡는 건 더 커질 '재앙'을 막는 중요한 조건이다. 잘못 소개한 가수의 팬들이 아이유의 안티팬으로 돌아설 수도 있다. 하지만 아이유는 방송이 끝난 직후 곧바로 SNS를 통해 몸둘 바를 모를 기분이 고스란히 전해지는 광속의 사과를 올렸다. 그 덕분에 역시 '예의 바른 아이유'로 인식되면서 손해 보지 않고 팬심을 지킬 수 있었다.

실패가 성공의 어머니라면, 실수는 성공의 디딤돌이다. 실수는 실수 하지 않았을 때보다 남에게 무언가를 기억시키는 효과가 뛰어나다. 그렇기 때문에 크고 작은 실수는 나에게 마이너스라고만 생각하지 말고 남에게 나를 알릴 수 있는 좋은 기회라는 것을 알아야 한다. 돈 안 들이고 크게 광고하는 효과를 낼 수 있다. 그래서 실수나 잘못을 그대로 둠으로써 논란을 통해 광고 효과를 보려는 일명 '노이즈 마케팅'이라는 것이 있긴 하지만 억지로 만드는 실수는 꼼수일 뿐이다.

여성들은 '실수'를 지울 수 없는 '망신'이라고 생각하며 오래오래 그 생각을 떨치지 못한다. 실수를 안 하려고 조심하고 별것도 아닌 작은 실수나 남들은 금방 잊고 마는 대수롭지 않은 실수에 대해 뼈아프게 생각한다. 그것은 자신을 괴롭히는 일이며, 떨치지 못한 생각 때문에 같은 실수를 되풀이할 수도 있다. 타이밍을 놓치지 않는 깔끔한 사후처리는 실수를 통해 오히려 좋은 이미지를 더 깊게 각인시키는 방법이다.

솔직하게 재치 있게 유머러스하게

연예인들이 여럿 나와서 우스갯소리를 하는 토크쇼를 보면 유난히 잘하고 재미있게 말하는 사람이 있다. 시청자의 눈과 귀를 끄는 출연자들을 찬찬히 살펴보면 자신의 실수를 적극적으로 드러낸다는 공통점이 있다. 그들은 특별한 개인기 없이도 자신이나 남들의 실수를 솔직하고 사실적으로 그려냄으로써 시청자들에게 큰 즐거움을 선사한다.

실수를 전혀 안 하고 살 수는 없다. 그러나 실수에 대한 두려움이나 긴장감을 가지기보다는 실수를 했을 때 그것에 재치 있게 대응하는 자세가 필요하다. 자신의 실수로 남이 피해를 입은 경우가 아니라면 일단, 웃자. 일단 웃으면서 여유를 찾고, 자신의 실수나 단점을 솔직히 인정하자. 이런 자세야말로 다른 사람들에게 인간적이고 긍정적인 점수를 얻을 수 있는 절호의 기회다.

사람들은 남의 실수를 재미있어 하고 즐긴다. 부끄럽고 당황스러운 실수로 아무리 창피한 상황에 놓이게 되었더라도 위축되거나 크게 상심

과거의 부정적인 정보들에 집착하는 한 자신의 꿈은 멀어질 수밖에 없다.
– 니시다 후미오(멘탈 트레이너)

하지 말라. 남의 실수를 보듯 객관적인 시각으로 아무렇지도 않게 넘기는 것도 지혜다. 실수는 사람을 조금 더 인간적인 모습으로 바라보게 하며, 그것을 진솔하게 인정하는 태도야말로 타인에게 깊은 인상을 심어 줄 수 있다.

완벽해 보이고 빈틈없는 사람의 생각 밖의 실수는 '치명적'이기보다는 인간적이다. 그런 사람이 의외로 실수를 애교 있게 인정하고 용서를 구한다면 얼마나 달라 보일 것인가. '아, 저런 사람도 실수하네. 찔러도 피 한 방울 나올 것 같지 않은 사람이라 늘 어렵고 거리감이 느껴졌는데, 은근히 귀여운 구석이 있군.'이라고 할 수 있다. 성공한 실수다.

솔직하고 진실한 자세로 자신의 실수를 인정하자. 결과를 떠나 사람들의 마음을 움직일 것이다.

돌다리 두드리기는 이제 그만

저지르고 봐야 뭐가 된다

너무 신중해서 문제일 때가 있다. 돌다리를 너무 많이 두드려서 한 발짝 앞으로 나가는 일이 좀처럼 쉽지 않을 때가 있다. 계획만 치밀하고 행동하는 일을 주저하여 아무런 성과를 보지 못하는 경우가 있다. 남자보다는 여자에게 이런 경향이 많은 것도 사실이다.

지나치게 조심스럽고 지나치게 걱정이 많고 실패에 대한 두려움이 많아 앞으로 나아가는 일이 도무지 어렵다. 여기저기 자문을 구하고 여러 사람들의 조언을 듣느라 어떤 것을 고르고 선택하는 일에 시간을 허비한다. 이제 망설이고 계산하고 계획하는 일은 그만 하고 일단 저지를

필요가 있다. 너무 많은 사람들의 조언도 때로는 판단을 흐리게 할 수 있고, 지나치게 자잘한 계획도 굵직한 선을 그리며 추진하는 일에 방해가 된다.

일단 저지르자. 오래 망설였다면 이제 행동을 개시해도 나쁘지 않다. 공부를 하고 싶다면 수강신청을 해라. 더 늦기 전에 내가 좋아하는 일을 하고 싶다면 바닥부터 시작할 생각으로 과감히 그 일에 뛰어들어라. 아침에 일찍 일어나서 뭔가 자기 발전을 위해 시간을 보내야겠다고 계획했으면, 일어나지 않으면 안 될 일을 만들어서 내 몸을 깨워라.

물론 사회적 편견에서 자유로울 수 없기 때문에 일을 저지르는 일이 쉽지 않을 수 있다. 그동안 여성들이 의욕적으로 행동을 개시하려고 하면 기가 세다, 설친다, 나선다, 튄다 등등 온갖 왜곡된 목소리로 여성들의 기를 꺾어왔다. 여성들이 일을 저지르면 '사고 쳤다, 나선다' 라고 하고, 남성들이 일을 저지르면 '배짱 좋다, 통이 크다' 고 한다.

더 이상 망설이지 말고 큰 그림의 아우트라인을 그려라. 그리고 시행착오를 거듭하면서 작은 부분을 고쳐나가자. 그것이 앞서가는 여성의 자세다. 행동하지 않으면 백 번 생각한들 달라지는 것은 아무것도 없다. 몸을 일으켜라.

제트엔진을 달아라

사람이 지구 밖으로 발을 떼어 처음으로 달에 발을 디뎠을 때 그것은 불가능을 가능하게 만든 기적이나 다름없었다. 인간은 오랜 연구 끝에 우주선 엔진을 만들어 달나라로 향했다. 제트엔진이 지구 아닌 다른 별의 방문을 가능하게 한 것이다.

지금 내 앞에 놓인 일에 제트엔진을 장착해 보자. 필요할 때 순간 가속되고 엄청난 열을 뿜는, 불가능을 가능으로 만들어줄 엔진이 필요하다. 남성은 할 수 있지만 여성은 하기 어렵다는 일들 중에는 기획력이나 난이도 때문이기보다 일을 과감하게 밀어붙일 에너지가 부족한 것이 문제일 때가 많다. 과감성 부족을 여성과 남성의 근본적인 소양인 양 말하는 사람도 있지만, 남성이 할 일과 여성이 할 일을 처음부터 저울질하면서 선을 긋다 보면 배는 물 위에 띄워지기도 전에 부두에서 좌초되기 쉽다.

힘이 없으면 오기로 덤벼라. 질긴 근성으로 이끌어라. 꼭 해내고야 말겠다는 의욕이 넘칠 때 추진력은 더욱 훈련되고 향상된다. 정신을 똑바로 차리고 눈빛에 진지함과 간절함, 강렬함을 담아 추진하라. 설정한 목표가 크고 원대할수록 쉽지 않을 것이다. 여성으로서 최초의 도전이라면 더욱 어려울 것이다. 우주선이든 비행선이든 본 궤도에 오르기 전까지는 가공할 만한 에너지가 필요한 법, 일단 밀어붙여 가시적인 성과를 이끌어낸 뒤 또다시 제트엔진을 내뿜으며 추진할 수 있어야 한다.

 일 잘하는 사람의 업무를 그대로 따라해 보라. 나에게 부족한 2%가 무엇인지 발견할 것이다. - 류량도(성과경영 전문가)

'팩' 하는 성질이 있다면 죽일 일이다.
'치사해서 못해먹겠다' 는 소리가 목젖까지
올리왔다면 다시 꾹꾹 눌러서 내려보내라.
힘이 없으면 오기로 덤벼라.
질긴 근성으로 이끌어라.
일단 살아남아야 다음 발을 뗄 수 있을 것 아닌가.

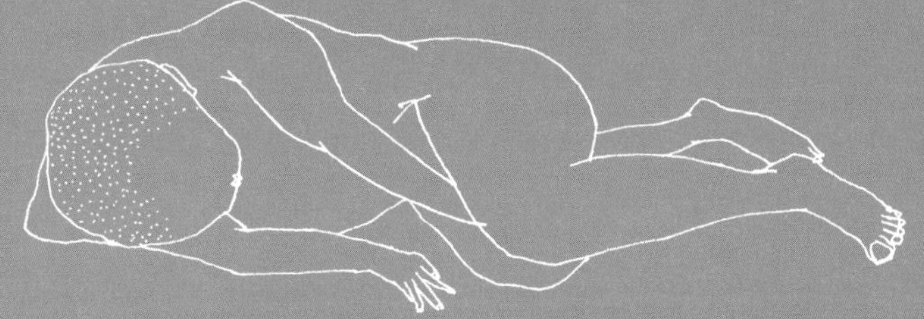

1%의 부정 곰팡이

오랜만에 만났거나 전화로 안부를 묻는 질문 가운데 가장 흔한 것이 "요즘 어떻게 지내요?"다. 하루에도 서너 차례 들을 수 있는 이 흔한 질문을 받으면 나는 어떻게 대답하는가. 보통 이런 질문에 대답하는 유형은 세 가지 정도로 나눌 수 있다.

우선 "아주 잘 지냅니다.", "살맛 나죠.", "좋아요." "끝내줍니다.", "만날 요즘만 같았으면 좋겠어요." 같은 긍정형 답변인데, 이는 좀체 잘 들을 수 없는 대답이기도 하다.

두 번째는 "그럭저럭 지내죠 뭐.", "늘 똑같죠.", "먹고는 살아요.",
"대충 지내죠." 같은 평범하고 무난한 대답들인데, 사람들이 자기도
모르게 가장 많이 하는 대답이다.

세 번째는 "죽을 맛이에요.", "왜 사는지 모르겠어요.", "힘들어 죽겠
어요.", "되는 일이 없네요.", "묻지 마세요.", "피곤해요." 같은 부정
형 대답도 적지 않다.

사람들이 아무렇지도 않게 대답하는 이런 말에서 그 사람의 의식 아
래 깔린 분위기를 짐작하기는 어렵지 않다. 별 특별한 고민 없이 무의식
중에 하는 이런 말은 그 사람의 실제 일상을 리얼하게 보여준다기보다
그 사람 안에 자리 잡은 삶의 자세를 보여준다고 할 수 있다. 실제로는
누구나 인정할 만한 사람이라도 말로는 엄살을 피울 수 있기 때문이다.
또 반대로 사는 게 팍팍하고 여의치 않아도 겉으로 내색하지 않고 밝게,
낙천적으로 잘 될 것이다, 잘할 수 있다는 말로 스스로 힘을 북돋는 사람
도 있다.

늘 "그거 왜 해?", "난 자신 없어. 혼자 해.", "왜 그렇게 힘을 쓰냐? 그
거 하면 밥이 나오냐 돈이 나오냐?", "그거 하면 누가 알아주기나 하나
뭐.", "될 대로 되라지 뭐.", "다 귀찮아. 날 좀 내버려둬!" 이런 말을 입
에 달고 사는 사람이 있다. 늘 불만이고 부정적이고 의욕 없는 말들을 입
에 달고 사는 사람들의 특징은 어떤 일이든 소극적이고 마지못해 한다

는 것이다. 한 발을 빼고 엉덩이마저 뒤로 뺀 모습이라고 할까. 이런 자세를 가진 사람이 어떤 일에서 적극성을 보일 리 없다.

　성공하는 사람들의 말투는 상황을 탓하거나 안 될 것을 미리 염려하지 않는다. 성취를 다짐하며 실패보다는 성취를 확신한다. 또 화를 내기보다 유머를 즐기며 남을 탓하기 전에 자신을 탓한다. 그리고 자신에게서든 남에게서든 단점을 보기보다 장점을 보며, 늘 상대방에 대한 칭찬과 배려가 넘친다. 말을 어떻게 하느냐에 따라 천냥 빚을 갚는 것은 물론 천냥 이상을 벌 수도 있다.

　성공하고 싶다면 말부터 다듬어야 한다.

자신감을 표현하라

　사람마다 원하는 것, 꿈꾸는 것이 있다. 그리고 꿈을 실현하기 위해서 열심히 노력하는 사람이라면 구체적인 실천이나 계획이 함께 따르기 마련이다. 바라고 꿈꾸는 것을 내 안에서만 소중하게 그대로 안고 가는 것이 좋을까? 아마 쏠쏠 불어나는 돈을 땅에다 묻어두고 날마다 잘 있는지 확인하는 수전노 스타일이라면 그 방식이 행복할지 모르겠다.

　그러나 그 정도의 일상에서 만족하지 않겠다면 조금 더 적극적이어야

진정한 긍정적 사고방식의 정체는 문제의 기획이 완전히 실패로 돌아가고 모멸감을 겪었을 때 나타난다. – 니시다 후미오(멘탈 트레이너)

한다. 바라는 바가 있다면 주변에 적극적으로 홍보하고 나의 미래에 대한 계획을 반복해서 들려주어라. 내 이야기를 들은 사람들은 처음에는 냉담한 반응을 보이거나 흥미 없어 할지라도 언제 어떻게 나의 구세주가 되어 돌아올지 모른다. 많이 알리면 알릴수록 내가 원하는 바를 얻을 가능성의 폭은 점점 커진다.

긍정적인 사고방식은 나를 움직이게 한다. 부정적인 사고방식은 나를 움츠러들게 하고 삐딱한 길로 인도한다. 나의 계획과 비전이 확실하고 낙관적일수록 내가 운신하는 폭은 대담하고 커지기 마련이다. 도저히 할 수 없을 것 같은 일에도 '이 정도쯤은 넘어야 한다'는 용기가 절로 생긴다. 비록 내 비전이 구체적이지 못하고 아직 정비가 덜 되었을지라도 말이다.

"할 수 있다. 꼭 하고야 말겠다."라고 말하라. 자신감을 표현하는 일은 그 계획을 조금 더 구체적으로, 조금 더 실현가능한 일로 만들어주기 때문이다.

쉼 없이 빛을 낸다

"그 일은 여자에게 어울리지 않아.
밤낮없이 뛰어야 하는걸. 너무 힘들고, 어렵지."
이런 편견에 물러선다면 훗날 승진 탈락의 근거가 된다.
일을 저지르는 것도 큰 능력이다.
가능한 한 많은 일을 경험해 두는 것이 결국 남는다.

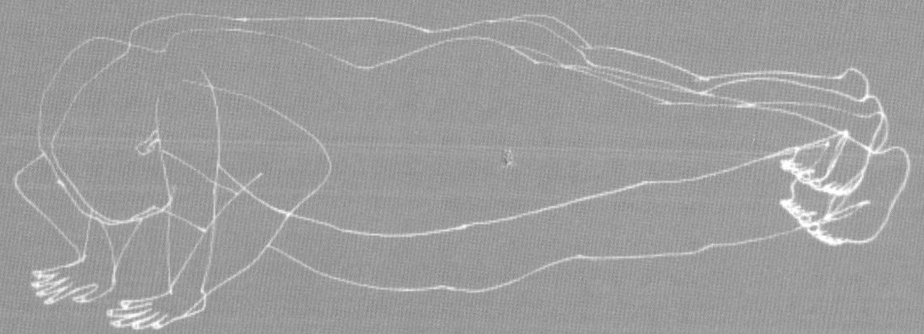

'나'를 당당히 표현하는가

걸음걸이가 복을 불러들인다

사람마다 걷는 습관이 천차만별이다. 자신의 걷는 모습을 객관적인 눈으로 본 적이 있는가. 여성들 중엔 시선을 아래쪽으로 떨어뜨리고 걷는 사람이 많다. 주눅이 들거나 자신감이 없을 때 사람들은 그렇게 풀이 죽어 있다. 무슨 죄를 지은 것도 아닌데 얼굴을 드러내지 않고 고개를 푹 숙인 채 길을 걷고 있는 여성들. 그런 걸음걸이는 자신에게 전혀 도움이 되지 않는다.

사실 얼굴을 들고 걷는 것과 고개를 숙이고 걷는 것 사이에 무슨 큰 차이가 있다고 이리 호들갑이냐고 하는 사람도 있을 것이다. 하지만 이것은 세상을 대하는 사람의 마음으로, 중요한 태도라고 할 수 있다. 세상을 향해 눈을 부릅뜨고 살아도 시원찮은 게 바로 지금의 경쟁사회이다. 때문에 세상을 향해 얼굴을 들고 다니는 것은 현대사회를 살아가는 기본 자세라고 할 수 있다.

얼굴을 들어 세상에 내어놓는 일이 곧 스스로를 가꾸는 일이기도 하다. 밝은 얼굴, 자신감에 차 있는 얼굴은 그녀를 아름답게 만든다. 성형을 하는 사람들에게 이유를 물어보면 대부분 아름다움을 통해 자신감을 얻기 위해서라고 말한다. 하지만 자신감을 통해 아름다움을 얻을 수 있다는 사실을 모르는 사람이 많다.

현재 나의 걸음걸이를 점검하라. 만약 지금 내 얼굴이 자꾸 아래로 숙여지고 있다면 의식적으로 얼른 치켜세우기를 바란다. 그렇다고 해서 당신의 얼굴이 아름답다는 이야기를 듣지 못할 수도 있지만, 긍정적이고 적극적인 사고를 품은 사람으로 당신을 바라볼 것임은 분명하다.

고개를 들고 걸어라. 세상을 향해 당신의 당당한 모습을 보여주라. 이를 통해 자신도 모르는 사이에 세상과 긍정적인 관계를 맺게 될 것이다. 자신도 모르게 성격까지 적극적인 모습으로 변화할 수 있다.

지금 내가 바라봐야 할 것은 세상의 바닥이 아니라 세상의 정상이다.

추진력은 훈련을 통해 향상된다

"그 일은 여자에게 어울리지 않아. 밤낮없이 뛰어야 하는걸. 너무 힘들고, 어렵지."

이런 편견에 물러선다면 훗날 승진 탈락의 근거가 된다. 일을 저지르는 것도 큰 능력이다. 가능한 한 많은 일을 경험해 두는 것이 결국 남는다. 부딪치고 저지를 때 성장하는 법이다. '열정'은 불가능을 가능으로 바꿀 수 있는, 인간만이 가질 수 있는 위대한 힘이다. 열정을 갖고 있는 사람은 자신이 하고 있는 일에 미쳐 있는 사람들이다. 순간순간을 전력을 다하여 자신의 목표실현을 위해 매진한다. '목표의식'이 분명한 사람은 정지된 생각을 하지 않는다. 몸을 던져 실천하고 행동할 뿐이다.

이제는 전문지식의 척도로서 석사나 박사학위 그 자체만으로는 큰 의미를 갖기 어렵다. 그보다는 급속도로 변화하고 엄청난 양으로 폭증하고 있는 지식을 제대로 선별하고 추적해 나갈 수 있는 능력이 훨씬 더 중요하다.

지식을 제대로 선별하고 추적해 나가기 위해 필요한 것은 무엇인가? 가장 중요한 것은 뚜렷한 '문제의식'과 '열정'이다. 자신이 진정으로 관심을 갖고 있는 문제는 무엇인가? 또 문제를 해결하기 위해 진정으로 필요한 지식은 과연 무엇인가? 이에 대한 치열한 고민 없이 그저 학력을 얻기 위해 쌓는 지식은 구체적 성과가 중시되는 무한경쟁시대에는 개인적으로나 사회적으로나 별다른 도움이 되지 못할 것이다.

　　남성은 할 수 있지만 여성은 하기 어렵다고 여기는 일들 중에는 일의 난이도보다 일을 과감하게 밀어붙일 '에너지'가 문제가 되는 경우가 많다. 남성이 할 일과 여성이 할 일을 처음부터 저울질하면서 선을 긋다 보면 일은 순풍을 타기도 전에 좌초되기 쉽다.

　　힘이 없으면 오기로 덤벼라. 질긴 근성으로 이끌어라. 꼭 해내고야 말겠다는 의욕이 넘칠 때 추진력은 향상된다.

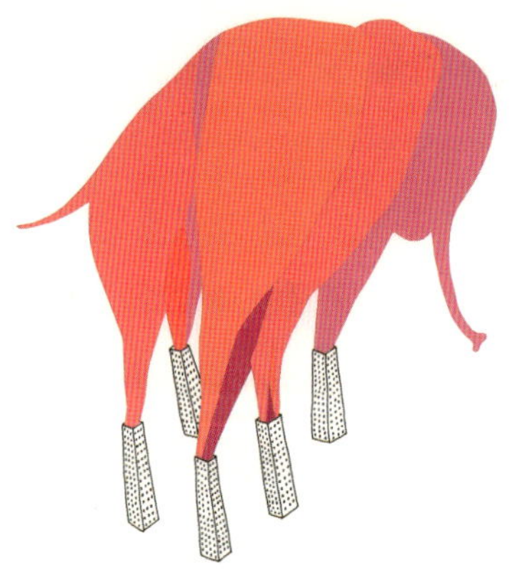

 처음 98%는 잘하는데 마지막 2%를 제대로 마무리하지 못하는 사람이 많다.
　　－ 톰 피터스(비즈니스 사상가)

지식을 제대로 선별하고 추적해 나가기 위해
필요한 것은 무엇인가?
가장 중요한 것은 뚜렷한 '문제의식'과 '열정'이다.
꼭 해내고야 말겠다는 의욕이 넘칠 때
추진력은 향상된다.
몸을 던져 실천하고 행동할 뿐.

내면에 차곡차곡 쌓아라

지혜는 인터넷이 아니라 책에 있다

교보문고가 20~59세 직장인 1,000명을 대상으로 설문조사를 한 결과, 2011년에는 1인당 16권의 책을 읽었다는 결과가 있다. 스마트폰을 쓰면서 전자책 이용자가 많아져 2010년 15.3권보다 독서량이 늘어났다고는 하지만 보통 직장인들은 한 달에 평균 2권도 읽지 않는다는 결론이 나온다. 너무 적다.

사실 인터넷이 있기 전부터 우리나라 직장인들의 독서량은 보잘것없었다. 요즘은 사원들에게 읽고 싶은 책을 사주는 회사도 있고 외부 인사를 영입하여 독서위원회를 운영하는 회사도 있지만 스스로 읽으려는 의

지가 없다면 독서환경 조성도 큰 효과를 보기 어렵다.

손바닥만한 지갑이 '명품'이라 하여 수십만 원을 육박하는데도 아까워하지 않으면서 1만 원 안팎의 책을 집어들고 "요즘 책이 왜 이렇게 비싸?"라며 구입하기를 주저하는 여성들에게서는 전문직업인의 모습을 기대하기 힘들다. "스마트폰으로 지식검색을 하면 실시간으로 궁금한 것을 다 알 수 있는데 굳이 시간을 내서 책을 정독할 필요가 있느냐?"라고 반문한다면 아름다운 직장여성의 자격에 10%쯤은 부족하다.

책은 우리 생활의 거의 모든 것을 해결해 줄 수 있는 답안을 가지고 있다. 책만 읽어도 전문가가 될 수 있다. 자기만의 기술이나 전문적인 공부를 위해서 가장 좋은 1차 스승은 책이다. 연간, 월간 체계적인 독서계획표를 짜서 자신의 기술과 전문성을 기르면 튼튼한 뼈와 살이 된다. 일터에 있는 사람의 책읽기는 훨씬 더 치열해야 한다. 독서의 깊이와 넓이 두 가지 측면에서 분발해야 한다. 실용서 위주의 편식에서 벗어나 문학, 역사, 철학, 예술, 과학, 경제, 경영 등 폭넓은 독서가 필요하다.

직장 여성들이 독서를 꾸준히 하지 못하는 이유는 여러 가지가 있다. 그 중에서 가장 흔한 변명은 '시간이 없어서'이다. 그러나 시간이 없어서 독서를 못 하는 것이 아니라 독서하는 습관이 배지 않았기 때문에 책 읽을 시간을 못 찾는 것이다. 우선 독서의 즐거움을 알아야 습관이 생길 수 있고, 책 속의 지혜를 되새길 때 생각의 폭이 넓어지고 깊어질 수 있다.

세계적인 컴퓨터 부호 마이크로소프트사의 빌 게이츠가 "책은 쓸모도 있지만 애착도 느끼게 해 컴퓨터가 책을 완전히 대체하리라고는 생각지 않는다."라고 말한 점을 귀담아 들을 필요가 있다. 어려운 시기일수록 책 속에서 삶의 지혜와 해법을 얻는 것이 중요하다.

하루 계획에 책 읽는 시간을 꼭 넣자.

기록으로 남겨라

요즘은 교수나 작가, 전문가만 책을 쓰는 시대가 아니다. 굉장한 '인물'이 아닌 평범한 보통 사람들이 내는 책이 부쩍 많아졌다. 인터넷 매체의 위력이 출판과 밀접하게 연결되어 있다 보니 많은 네티즌의 글이 책으로 엮어져 나온다. 조개 속에 숨어 있는 진주처럼 전문가보다 더 전문가다운 사람도 있고, 기막힌 재능과 날카로운 비판의 눈을 가진 사람도 많다. 그들이 차곡차곡 쌓은 글이 책으로 발간되면 일반 독자들에게 공감과 소통을 불러일으킨다.

문학과 그림, 음악 평론, 컴퓨터와 인터넷에 대한 각종 자료와 정보, 전문적인 지식나눔 같은 것도 활발하다. 글을 올리는 사람들은 자신의 글이 타인에게 일방적인 도움을 준다고 생각지 않는다. 인터넷의 쌍방향성은 이곳에서도 예외 없이 적용돼 또 다른 많은 사람들로부터 새로

혼자서만 열심히 노력하기보다는 지금까지 몸에 밴 방식을 바꿔보는 것, 자기 아닌 어딘가에 있을 운을 찾아나서는 것. 바로 이것이 운을 거머쥐는 첫걸음이다.
－ 니시다 후미오(멘탈 트레이너)

운 정보를 듣고 배우게 된다고 한다.

그들은 처음부터 책을 내려고 했던 건 아니었다고 말한다. 자신이 좋아하는 것에 꾸준히 관심을 갖다 보니 자꾸 더 알고 싶어져서 공부하게 되고, 그것을 어떤 식으로든 표현하거나 기록하고 싶어서 쓰다 보니 출판 의뢰를 받게 되었다고 한다. 기술은 하루아침에 만들어지는 것이 아니라, 오랜 시간 땀과 노력이 쌓여 평가받는 것이다. 자신의 관심 분야나 잘하는 일에 대한 계속된 연구와 노력은 기록함으로써 더 큰 동기부여가 될 수 있다.

요즘 소셜네트워크서비스(SNS)는 기존의 커뮤니티보다 훨씬 짧은 글을 올릴 수밖에 없지만 집단지성의 지식 창출을 가능하게 한다. '참여, 공개, 연결'을 슬로건으로 다른 사람의 의견, 생각, 경험, 관점 등을 서로 공유하면서 자신의 사고를 폭넓게 확장시킨다.

기록은 재산이다. 눈에 보이는 만큼 쌓이는 재미가 남다르다. 내게 아까운 재능과 기술, 그리고 그 이상 무엇인가가 더 있다면 아낌없이 기록하여 남기자. 나중에 자신이 걸어온 길을 되돌아보는 즐거움을 누릴 수 있다. 혹여라도 있을 출판의 기쁨은 보너스다.

내 삶을 지배하는 룰

대학에서 학보사 기자로 활동했던 K는 현재 홍보기획사에서 일하고 있다. 그녀는 3학년 가을 학기 때부터 현재 다니는 회사에서 인턴사원으로 일해 왔다. 회사 측에서는 기존 직원만으로 업무를 감당하기 어려웠고, 그렇다고 정규직 사원을 뽑기에는 부담스러워 인턴사원을 고용한 것이다.

K는 어릴 때부터 해야 할 일은 꼭 먼저 해놓아야 비로소 자기가 하고 싶은 일이 눈에 들어왔다. 숙제나 리포트는 제출해야 하는 날짜보다 하루 이틀 앞서 마쳤으며, 그 다음에 할 일이 없나 스스로 찾아보았다. 그

런 그녀는 회사에서도 일을 한 템포 빨리 마치는 걸로 유명하다.

어떤 일이 코앞에 닥쳐야 비로소 스피드를 내는 많은 사람들과 달리, 그녀는 주어진 일을 바로바로 시작하여 조금 일찍 끝낸다. 시간이 없어서 간단한 햄버거로 점심을 때우기도 하고 때로는 집에 가져가서 일하기도 했다. 또 회사나 업무와 관련된 신문기사, 인터넷 웹페이지 정보 등을 깔끔하게 스크랩해서 사무실 한쪽에 슬그머니 놔두기도 했는데 직원들이 기다려서 볼 정도로 인기가 많았다. K의 일처리 능력과 성실성을 눈여겨본 팀장과 직원들 사이에서 그녀가 정규직 사원으로 들어와도 좋겠다는 분위기가 조성되었다.

한 템포 빠른 습관 덕분에 그녀는 취업이 가능했다. 회사 측에서 일정 기간 수습 과정을 거친 뒤 정식사원으로 발탁한 것이다. K는 인턴사원에서 바로 정규직 사원으로 입사하게 되었다. K는 신입사원 딱지를 겨우 뗄까 말까 한 위치이지만 실력은 이미 3~4년차 선배들에 이른다. '성실하게 일하여 조금 빠르게 마치기'의 원칙을 지킨 그녀가 다른 동기들보다 조금 더 빠르게 앞서 나가는 것은 당연한 일이다.

큰 원칙과 작은 원칙

어떤 회사든 경영자 입장에서 보면 없는 자리를 만들어서라도 붙잡고 싶은 직원이 있는 반면, 나가든 말든 전혀 신경이 안 쓰이는 직원도 있다. 더 심할 경우엔 담당직원 몰래 그 자리에 앉힐 다른 사람을 알아보기도 한다. 그렇다면 나는 어떤 입장에 있는 사람인가. 늘 남의 지시만 따르고 주어진 일도 허덕대면서 겨우 해내고 일의 순서가 뒤죽박죽이어서 책상 위는 온갖 잡다한 것들로 어지럽혀 있지는 않은가.

업무를 능률적으로 하려면 반드시 원칙이나 기준을 세워야 한다. 원칙은 삶 전반에서 염두에 두어야 할 큰 원칙이 있고, 일이면 일, 연애면 연애, 공부면 공부 등 구체적인 섹션에서 지켜야 할 작은 원칙으로 분류할 수 있다. 원칙이나 기준은 어떤 일이 있어도 지켜야 하는 것은 물론이고 몸에 완전히 배어야 한다.

한 여성 중소기업 대표는 기계제조업종 관련 일을 해오면서 '쓰러지더라도 정직하게 상식을 지키며 살겠다.', '무엇이든 거저 얻으려고 하지 않겠다.' 라는 두 가지 원칙을 정하고 자신의 소신을 굽히지 않았다고 한다. 남성들이 이끄는 기계제조업계의 일이 여성의 몸으로 녹록치 않았음은 자명하다. 그래서 그녀는 두 가지 원칙으로 미리 마음단속을 단단하고 강하게 했던 것이다. 무원칙과 몰상식이 횡행한 경쟁사회에서 그녀가 겪었을 어려움은 말로 표현할 수 없지만, 그녀는 마침내 자신의 원칙을 지킴으로써 자신의 회사를 규모가 그리 크지는 않지만 꽤 탄탄한 회사로 성장시킬 수 있었다.

또 같은 직장에서 9년째 일하고 있는 한 보험설계사에게도 변치 않는

비전에 대한 믿음이 있다면 초지일관 관철시켜라. 자신의 비전을 경제환경에 따라 움직이는 탁구공으로 만들지 마라. – 헤르만 요셉 조혜(경영 컨설턴트)

일에 대한 원칙이 있다. 큰돈을 벌지는 못하지만 쓸 만큼은 번다는 그녀의 원칙은 첫째, 아무리 힘들어도 내 이름이나 가까운 가족의 이름으로 실적용 보험을 들지 않는다. 둘째, 임의대로 보험료를 할인해 주지 않는다. 셋째, 고객과는 교제하지 말고 해가 진 후 저녁 약속도 되도록 삼간다는 것이다. 이 원칙 때문에 곤란을 겪은 적은 있지만 곤경에 빠져 허우적거린 적은 없었다. 고객과 쓸데없는 구설에 오르는 일도 없었던 것은 물론이다.

원칙은 자신을 지켜주는 울타리다. 아무리 자신을 흔드는 어려운 환경에 처했다고 해도 원칙과 룰이 분명하게 있는 삶은 몸은 흔들릴지언정 뿌리까지 흔들리지는 않기 때문이다.

투자 대상 1호 '나'

시간과 비용에서 10%를 떼어 나에게 투자해라

최근 EBS 다큐멘터리 〈마더쇼크〉에서는 모성의 대물림에 관한 과학
적인 실험이 방영되어 젊은 엄마들로부터 큰 호응을 얻었다. 전통적인
육아방식으로 길러진 보통의 여성들은 타고난 모성 본능이 있어서 남을
먼저 챙기고 나를 나중에 돌보는 습성이 내면화되어 있는 것 같다. 이것
을 군이 나쁘다고 탓할 이유는 없지만, 요즘 세상은 누군가에게 기대지
않으면서 나부터 먼저 스스로 돌보는 일이 더 생산적이다.

이젠 온전히 나를 위해 과감히 투자하는 데 시간과 비용을 쓰자. 최대
10%만 쓰면 훌륭한 선택이 될 수 있다. 월급의 10%, 하루 24시간 중 2시

간 정도를 나를 위해 재투자하는 것이다. 이건 시작이 어려울 뿐이다.

월급의 10%를 떼서 무엇이든 배워라. 아무것이나 배우라는 것이 아니라, 평소에 하고 싶었던 것을 배우라는 것이다. 아주 새로운 것이어도 좋고 기본적으로 자신의 업무와 연관된 것이어도 좋다. 평소 열망했던 것, 꼭 해보고 싶었던 일을 즐겁게 배워라.

하루 중 2시간은 나를 변화시키고 발전시키는 데 할애해야 한다. 시간이 없다는 건 핑계일 수 있다. 성공한 사람들은 시간이 없다는 핑계를 대지 않는다. 자투리 시간을 모으거나, 비교우위에서 밀리는 일에서 시간을 뺀다. 이도 저도 어려우면 잠을 줄인다. 아침시간을 최대한 활용하는 것이 가장 좋은 방법인데, 하루아침에 한꺼번에 줄일 생각을 하지 말고 조금씩 줄여가면서 아침시간을 확보해 가는 것이 좋다.

여성들의 평생 화두가 '다이어트' 라는 말이 있다. 그만큼 어려운 일이라는 뜻도 된다. 잠을 줄이는 일은 한 달만 습관들이면 된다. 잠을 줄이는 일이 쉽지 않지만 그것이 평생의 화두일 것도 없다. 어떤 일이든 공짜는 별로 없다. 시간을 내서 책을 읽고, 비용을 들여 외국어를 확실히 마스터하는 건 어떨까.

나를 통째로 변화의 지점으로 끌고 가는 일에 거저 되는 일이란 아무것도 없다.

내면을 성형하자

성형수술을 한 사람, 성형수술을 하려는 사람, 성형수술을 할 생각은 없지만 긍정적인 의견을 가지고 있는 사람들이 한결같이 입을 모아 말하는 성형수술을 하는 이유는 '자신감'이다. 쌍꺼풀 수술로 눈이 커지고 피부를 맑게 만드는 박피술로 피부미인이 되면 남들 앞에 섰을 때 훨씬 당당하고 자신감이 샘솟기 때문에 사회생활을 하는 데 중요한 밑거름이 된다고 한다.

하지만 일하는 데 자신감은 외모 성형만으로 생기지 않는다. 물론 어느 정도야 생길 수 있겠지만 자신만은 속일 수 없다. 내가 나를 높이 평가하고 인정하지 못하는데 남이 알아볼 리가 없다. 아무리 자신의 겉모습이 자신 있는 사람일지라도 대부분 자신을 인정하지 않는 분위기이거나 은근한 따돌림을 받는다는 생각이 들면 예민질 수밖에 없다.

평범하고 예쁜 구석이 없어도 누군가에게 인정받거나 사랑받고 있다면 그 표정부터 달라진다. 언제나 활기차고 내면에서 은밀하게 샘솟는 즐거움이 그대로 밖으로 드러나게 마련이다. 이런 사람의 얼굴은 환하고 매력이 철철 넘치는데, 이런 매력이야말로 예쁜 얼굴보다 한수 높은 평가를 받는다.

사회생활을 하는 여성들이 절대로 명심해야 할 것은 얼굴 생김새나

4년 내지 5년마다 '새로운' 지식을 습득해야 한다. 그렇지 않으면 소유하고 있는 지식이 모두 진부한 것이 되어버려 시대에 뒤떨어진 사람이 되고 만다.
– 피터 드러커(경영학 구루)

차림새보다 '업무능력' 으로 평가받는다는 점이다. 그리고 사람들은 스스로를 사랑하고 존중하는 사람에게 함부로 하지 못한다는 점을 기억하자. 거기서 나오는 자신감은 위엄이 있다. 나에 대한 사랑과 존중은 겉치장만 해준다고 드러나는 것이 아니기 때문이다.

능력으로 자신의 내면을 성형수술하자. 무엇이든 배워서 빨리 익히고, 누군가 지시하기 전에 스스로 찾아서 일하며, 집중적으로 일하는 힘을 기르자. 능률적으로 일하는 자신, 그리고 나의 능력을 알아보는 사람들과 일할 때, 분명 내 모습이 성형미인보다 더 매력적일 것은 분명하다.

프로의식이 프로를 만드는 법!

직장인들이 세상에서 가장 두려워하는 것은 무엇일까. 밤잠을 설치게 만들고, 긴장으로 손에 땀을 쥐게 하고, 옆에서 하는 말도 금방 알아듣지 못할 정도로 당황하게 만드는 일은 무엇일까. 한 연구 결과에 따르면, 그것은 놀랍게도 다른 사람 앞에서 '프레젠테이션'을 하는 것이라고 한다. 프레젠테이션이란 각종 학회나 직장에서의 브리핑은 물론 청중을 상대로 하는 연설, 강연, 보고회 등의 발표를 통틀어 일컫는다.

21세기는 프레젠테이션의 시대라고 한다. 업무 보고며 비즈니스 협상, 학교 수업, 그리고 모임이나 단체 회의 등에서 프레젠테이션은 이제

일상생활이 되었다. 현대인이라면 항상 다양한 형태의 프레젠테이션에 직면할 수밖에 없는 실정이다. 그런데도 많은 사람들은 이 부분을 가장 두려워하고 겁낸다. 어린 시절부터 남 앞에서 드러내놓고 어떤 것을 표현하는 일에 훈련이 안 된 우리나라 사람 대부분이 겪는 어려움 가운데 하나임은 분명하다.

협업과 전문성이 중시되는 현대사회에서 프레젠테이션을 극복하지 않고는 아무것도 할 수 없다. 어떤 식으로든 그것을 세련되게 할 수 있을 때까지 훈련하고 노력할 수밖에 없다. 인간관계의 전부라고도 할 수 있는 스피치나 말, 화술에 대한 책을 보면서 가족들이라도 앞에 앉혀놓고 부단히 노력하라. 성공한 사람들을 연상하는 시각 이미지 중에는 아마도 말쑥한 정장 차림을 한 어떤 사람이 많은 사람들 앞에서 브리핑을 한다든가, 투자자들을 모아놓고 사업설명을 하는 모습이 빠지지 않고 들어 있을 것이다. 이런 사람들을 떠올리면서 자신의 이미지도 시각화하려는 연습이 필요하다.

히말라야 14좌를 정복한 엄홍길 대장이 자신의 인생에서 가장 올라가기 힘들었던 한 걸음을 고백한 적이 있다. 그것은 첫 대중 연설을 하기 위해 무대 위로 한 계단을 올라가는 것이었다고 한다. 진정한 프로는 타고날 때부터 프레젠테이션을 잘하는 사람이 아니라, 두려움을 뛰어넘어 프레젠테이션을 세련되게 할 수 있을 때까지 노력하는 사람이다. 두려움의 대상은 정복하는 것이며 정면 돌파하는 것이다. 멋진 정장 차림의 커리어우먼이 수많은 남성들 앞에서 똑 부러지게 프레젠테이션하는 모습은 상상만으로도 가슴 뭉클하고 멋진 장면 아닌가. 그 자리에 바로 내가 서는 것이다.

남은 것 없이 다 쏟아라

TV 인기가요 순위에서 1, 2위를 다툰다고 가수의 음반이나 음원 판매량이 꼭 많은 것은 아니다. 또 TV에 얼굴을 자주 보이지 않는다고 해서 잊힌 가수는 아니다. 오히려 콘서트만 하면 금방 모든 좌석 매진에, 음반만 나오면 몇 십만 장이 소리 소문 없이 조용히 팔리는 실력 있는 가수들이 있다. 이런 가수들의 특징은 무엇보다 라이브에 강하다. 노래로, 가창력으로 승부하는 가수는 프로의식을 가진 진정한 가수라고 할 수 있다. 팬들은 공연장에 직접 발로 찾아간 자신들을 위해 모든 것을 아낌없이 쏟아 열창하는 가수들을 보며 열광한다.

프로의식은 자기 본연의 업(業)에 100% 가까이 충실한 모습일 때 드러난다. 립싱크를 밥먹듯 하는 가수들에 대한 팬들의 비난도 따지고 보면 가수가 자기 본연의 업에 충실하지 않고 쉽게 가려는 자세에 대한 힐난이라고 할 수 있다.

한 네티즌은 "1위 후보곡을 립싱크 한다는 것은 이해가 안 된다. 1위

사람들은 보통 기분이 상하면 말을 하지 않는다. 일단 맞장구를 쳐서 마음속으로는 동의하지 않더라도 상대방의 기분을 맞춰 이야기를 끌어내야 한다. 제대로 된 질문은 상대를 움직인다. ─ 사이토 다카시(메이지대 교수)

후보는 당연히 모두 라이브를 해야 하는 거 아닌가? 아무리 댄스가수라도 1위는 라이브로 불러 진정한 1위의 의미, 1위 가수로서 프로의식을 보여주어야 한다고 생각한다. 가수는 노래가 생명이다. 현란한 춤이 아니다. 앞으로 1위 후보곡은 반드시 라이브로 불러주기를 바라는 마음이다.”라며 불편한 심정을 드러냈다.

프로의식은 땀을 보여주는 일이다. 자신의 역량을 아낌없이 모아 보여주는 자세다. 자신이 가지고 있는 능력이 차고 넘치든 부족하여 조금 부끄럽든, 그 안에서 최선을 다하는 자세여야 한다. 성과나 결과물은 그 다음 문제인 것이다.

프로의식은 일의 과정에서 더 잘 드러난다.

진정한 프로는 타고날 때부터 프레젠테이션을 잘하는
사람이 아니라, 두려움을 뛰어넘어 프레젠테이션을
세련되게 할 수 있을 때까지 노력하는 사람이다.
두려움의 대상은 정복하는 것이며 정면 돌파하는 것이다.
프로의식은 일의 과정에서 더 잘 드러난다.

나는 CEO다

일은 결코 성차별을 하지 않는다

　자신을 브랜드화하려는 사람은 철저하게 프로의식으로 무장되어 있어야 한다. 직장인의 마인드가 아니라 사업가의 마인드와 주인의식이다. 강인하고 근성 있는 승부사의 기질로 체질개선을 해야 한다는 의미다. 좀 지독하다 싶을 정도로 자기관리에 철저한 사람만이 진정한 프로 대접을 받을 수 있다.

　프로는 시간관리에 철저하다. 절대 지각하지 않는 것은 물론이고, 적어도 근무시간 30분 전에는 출근해야 한다. 출근길에 흐트러진 매무새도 가다듬고 정신도 차분하게 가라앉힐 여유가 필요하다. 업무시간에 화장 고치는 일, 신문 뒤적이는 일, 30분 전부터 퇴근을 준비하는 일 등에 대해 문제의식을 가지지 못하고 으레 당연한 것처럼 해왔다면 이제부터 마인드를 바꿔야 한다.

업무시간에 업무와 관련된 전문서적을 보는 일을 당연한 것으로 생각하는 것도 고쳐야 한다. 직장인은 학생이 아니기 때문이다. 회사는 처음부터 내가 그런 전문지식을 가지고 있는 사람으로 알고 채용했을 것이 분명하다. 전문지식은 업무시간 외에 보충하는 것이 기본이다. 직장은 전문지식을 활용하는 곳이다.

또한 프로는 새로운 일에 대한 도전 의지가 강해야 한다. 요즘은 전문직을 포함한 다양한 분야에 걸쳐 여성들의 진출이 두드러지지만, 예전엔 남성은 책임업무를 맡고 여성은 그 진행자나 보조역할에 머무르는 게 현실이었다. 그러나 일은 능력을 가리지 결코 성차별을 하지 않는다.

책임감과 근성은 프로에게 중요한 덕목이다. 아무리 사표를 내던지고 싶을 정도로 마음에 들지 않는 직장일지라도 일단 자기가 그곳에 적을 두고 있다면 바로 그 자리에서부터 성실성을 인정받아야 한다. 바로 그 직장의 상사와 동료에게 '실력과 근성을 겸비한 성실한 일꾼' 이라는 평가를 들을 수 있어야 한다.

과감한 변신은 필수다

나를 브랜드화하는 작업에서 가장 중요한 것은 나를 '변화' 또는 '변신' 시키는 일이다. 그러나 변화를 두려워하는 사람들이 많다. 변화와 변신은 조직이나 개인의 기존 패러다임을 송두리째 흔드는 것만 같아서 선뜻 그 물결을 타지 못하면서 불안감 또한 감추지 못하는 것이다.

새로운 것이나 좋아하는 것만을 좇는 변덕보다 더 나쁜 것은, 익숙하다는 이유로 위험하다는 이유로 변화를 받아들이지 않는 것이다. 나의 브랜드를 위한 분석이 끝나고 내가 할 일을 알았다면 거기에 맞는 과감한 변신을 시도해야 한다. 피해갈 수 없다. 새 술은 새 부대에 담아야 하는 것과 같은 이치다.

예를 들어 최고의 엔지니어가 조직에서 독립하여 스스로 경영자가 되어 새 사업을 시작했다면, 그는 기술자에서 경영자로 변신하지 않으면 안 된다. 변신에 성공하지 못하면 자신은 물론 자신의 회사와 사원들이 큰 어려움을 겪게 될 것이다.

변신을 시도할 때는 우물쭈물 적당히 바꾸려고 하지 말고 과감하게 해야 한다. 자신의 소극적인 태도가 마음에 들지 않는다면 적극적인 자세로, 남 앞에 나서는 사람들이 부럽다면 스스로 남 앞에 나서는 과감한 변신만이 내가 원하는 삶에 이르게 될 것이다.

처음 변신을 꾀할 때는 남의 옷을 빌려 입은 듯 어색하겠지만 금세 익숙해진다는 확신을 갖고 임해야 한다. 세상에서 가장 아름다운 모습은 '당당함' 이다. 변신을 할 때는 어색해하지 말고 당당한 자세를 가져야만 변신에 성공할 수 있다.

지나치게 작은 과제에 집중하는 사람은 능력 또한 작다.
— 헤르만 요셉 조헤(경영 컨설턴트)

고수의 열정을 사라

아들 많은 집과 견줄 때 딸 많은 집은 분위기가 밝고 화목하고 웃음이 넘치는 경우가 많다. 또 두 집안의 자식들이 모두 결혼하여 새 식구들이 늘어났을 때도 딸 많은 집이 아들 많은 집보다 결혼 이전의 평화와 화목을 한결같이 유지하는 편이다. 딸들이 힘을 합하면 못 할 것이 없고 거기에 성격 좋은 사위들까지 합세하면 그 집안은 막강한 파워를 자랑한다.

보통 여성들의 동지애는 핏줄이 더해졌을 때는 훨씬 강력해지지만, 여성들은 서로 코드가 맞으면 핏줄보다 더한 동지애를 느끼며 오래 함께하기도 한다. 여자의 적은 여자라거나, 여자들의 우정은 손잡고 화장실 가거나 매점에 가는 여고 시절 우정에서 멈춘다거나, 그나마 결혼과 함께 여자들의 우정은 더 이상 없다고까지 말하지만 그건 여자를 잘 모르고 하는 말이다. 여자들은 경쟁하기보다 도울 줄 알고 나눌 줄 안다.

피겨선수 김연아에게는 초창기 기술의 기본기를 탄탄히 다져주고 슬럼프를 극복할 수 있도록 도와준 신혜숙 코치가 있었고, 프로골퍼 신지애에게는 철저하게 체계적인 학습으로 세계대회 우승자로 성장할 수 있도록 도와준 전현숙 코치가 멘토였다. 발레리나 강수진에게는 따뜻한 어머니와 같은 모나코 왕립 발레학교 마리카 교장이 멘토였고, 2008년 프랑스 롱 티보 국제콩쿠르에서 1위를 차지한 바이올리니스트 신현수에게는 10년간 무료 레슨으로 도와준 김남윤 교수가 있었다.

조직에서 똑같은 실력을 가졌지만 남성이 여성보다 승진이 빠른 이유 중에 하나는 남성 멘토가 남성 멘티를 이끌어주기 때문이다. 여성들은 조직에서 성공한 여성 선배들이 상대적으로 적어서 불리한 상황에 처할 수밖에 없는 사정이 있다. 하지만 이제는 다르다. 여성들에게도 멘토가 많아졌다. 멘토들은 생소할 수밖에 없는 남성의 조직문화를 이해하고, 진급과 보직에서 성공적으로 적응할 수 있도록 지원한다.

멘토가 반드시 성공한 여성이거나 전문직에 종사하는 여성일 필요는 없다. 자기 분야에서 열심히 일하는 여성, 무엇인가 발전적인 성취를 이루어내려고 노력하는 여성, 또는 내게 어떤 식으로든 힘이 되어줄 수 있

는 바로 옆의 왕언니도 좋다. 반대로 나 또한 얼마든지 남에게 멘토가 되어줄 수 있는 위치에 있을 수 있다.

서로의 장점을 배우고 서로의 경험과 비전을 나누는 관계로 발전할 수 있도록 자신을 활짝 열자.

다른 사람의 삶에 깊은 관심

P는 여러 분야의 책 중에서 전기나 평전, 위인전을 가장 즐겨 읽는다. 잡지나 신문을 읽어도 요즘 시대를 사는 인사들의 인터뷰 기사를 가장 즐긴다. P에게 가장 큰 관심의 대상은 '사람'이다. 사람에 대한 이해와 관심이 많아 독서편식을 하게 되었지만, 그녀는 편식이라고 해도 그것이 크게 나쁘지 않다고 말한다. 사람에게서, 사람들 관계 속에서 자신만의 삶의 자세를 다지기 때문이란다.

최근 그녀는 옛 여성들의 삶을 다룬 책을 한꺼번에 세 권이나 샀다. 시대와 삶에 당당하게 맞섰던 한국의 옛 여성들 이야기를 새롭게 살펴 펴낸 〈한국 역사를 뒤흔들었던 여성들〉, 〈나는 당당하게 살겠다〉, 〈이덕일의 여인열전〉을 읽으며 요즘 시대의 여성들에게 느낄 수 없는 또 다른 열정과 혼을 느끼는 중이다.

책 속에서 나의 모델을 찾는 것도 추천할 만한 방법이다. 요즘은 여성

CEO나 리더십을 다룬 책이 많이 출간되었고, 또 각 분야에서 자기 자리를 확고하게 만든 전문여성들의 책도 많이 출간되고 있다. 이러한 책들을 읽어보면 알겠지만 생각보다 많은 자극과 영향을 받는다. 직접 나의 멘토가 되어 얼굴을 보거나 목소리를 들으며 경험과 실천을 나눌 상대를 만나지 못했더라도, 직접적인 영향 못지않게 간접적으로도 충분히 힘과 도움을 받을 수 있다.

P처럼 전기나 평전, 인물론을 즐기자. 허구의 인물이 숨쉬는 소설 속의 주인공보다 더욱 드라마틱하고 실감난다. 허구의 인물이나 영웅이 해낸 큰일보다 실제인물이 해낸 비교적 작은 일이 사람의 몸과 마음을 더 움직이게 한다.

나의 멘토에게 직접 조언을 듣건, 간접적으로 책을 통해 어떤 충고를 듣건 실천하고 도전해 보는 사람은 결국 자신이다.

아침시간은 황금을 몰고 온다. – 영국 속담

변하지 않는 덕목, 책임과 인내

세일즈의 성공이 말해주는 것

이직률이 높은 분야에는 '영업'이 빠지지 않는다. 세일즈는 특별한 전문지식 없이도 가장 손쉽게 시작할 수 있는 일이라는 생각, 아무리 오래해도 그것을 기술이나 경험으로 인정받기 힘들며 안정적이지 못하다는 고정관념 탓이다. 전문적인 지식이나 재능이 몸에 배어 있지 않기 때문에, 불황에 '짤리기'라도 하면 경제생활을 할 수 없다는 불안도 작용한다. 그래서 불안한 나머지 해보지도 않고 더 안정적으로 보이는 다른 직종을 찾아 끊임없이 이동하고 또 이동하는 것이다.

그런데 정말 그럴까? "세일즈만큼은 하고 싶지 않아."라고 말하는 사람은 분명히 세일즈의 가치를 잘못 알고 있다. '세일즈' 라는 일은 재미와 보람을 주는데다 인생의 가능성을 크게 확장시켜 준다. 미래는 '모든 것을 파는 시대' 로 가고 있다. 세일즈 능력을 기르는 것은 혼자서 생활할 수 있는 힘을 몸에 익히는 일이다. 세일즈는 사회의 변화에 예민하게 감지할 수 있고, 세일즈 활동을 통해서 다양한 사람을 만날 수 있는 장점이 있다. 무엇보다도 수많은 거절을 경험하면서 자신의 인내심을 무한대로 키울 수 있다. 이는 개인의 경력에 대단한 자산으로 작용한다.

무시와 자존심에 상처를 주는 말을 끝끝내 참아내며 타인을 설득시킨 사람에게는 무엇과도 바꿀 수 없는 훌륭한 자산이 그 안에 형성된다. 사람이 살면서 가장 치사하다고 생각하는 상황이나 자존심 구겨지는 일은 자신을 우습게 보고 자신이 하는 일을 하찮다고 생각하며 자기 자신의 인격조차 비웃음으로 일관하는 사람을 설득시키는 일일 것이다. 상처입은 조개가 인고의 세월을 견뎌 진주라는 보석을 만들 듯이 세일즈를 통해서 이런 도전을 뛰어넘은 사람은 그 어떤 어려움도 이겨낼 수 있는 저력을 키우게 된다.

인내해야 하는 일이 비단 세일즈라는 직업에 국한되지는 않지만, 사람들은 가장 최고치의 인내를 보여주어야 하는 직종의 사례로 세일즈를 꼽는다. 참을 수 있는 사람이 성공한다.

"성공하기 위해서 자존심을 잠시 접어 냉동고에 넣어라. 성공한 후에

다시 냉동고에서 꺼내 내 안에 모셔라." 성공한 사람들의 한결같은 조언
이다.

작은 약속을 우습게 알면 피눈물 쏟는다

우리의 예약문화를 심각하게 조명한 신문기사를 읽은 적이 있다. 예약
을 해놓고 전화 한 통 없이 어기는 일이 너무나 많다는 것이다. 특히 항공
사의 경우 예약 부도 사태가 속출해서 정작 항공권이 필요한 사람들은 발
만 동동 구르고 안타까워하는 일이 비일비재하다는 것이다. 미리 취소했
으면 필요한 사람이 요긴하게 쓸 것을 남까지 피해를 주는 사례다.

한 외국계 기업 I사는 재무 책임자로 P를 영입할 계획이었다. P는 3차
인터뷰까지 통과하고 직위와 연봉까지 잠정 합의한 상태였다. 그런데
최종 참고인 조사에서, 과거 한 외국계 은행으로 이직을 시도하면서 최
종 면접일에 아무런 사전 통고나 양해 없이 불참한 사실이 드러났다. I사
는 P의 불성실과 무책임을 문제 삼아 채용을 취소했다.

사회 경험이 부족한 젊은 사람들일수록 아무렇지도 않은 듯 약속을
어기는 경우가 많다. '까짓 별일 있겠나?' 하는 심정일 것이다. '안 가면
그게 취소지 뭐, 별거 있나?' 하는 사람도 있을지 모른다. 그러나 우리
사회는 넓어 보여도 자세히 살펴보면 그물처럼 긴밀하게 연결되어 있

다. 한두 다리만 건너면 서로 아는 사이다. 그래서 이런 작은 약속 파기나 실수도 불성실과 무책임의 사례로 이력서 뒷면에 붙어다니면서 사회생활의 큰 걸림돌이 될 수 있다.

21세기 직장인의 최대 무기는 물론 지식과 능력이다. 하지만 20세기의 유물처럼 고리타분해 보이는 '성실' 과 '책임' 도 여전히 중요하다. 성실과 책임감은 성공의 지름길에서 빠질 수 없는 덕목이다. 대기업들이 원하는 인재상에도 책임감 있는 사람, 즉 자신의 말에 책임을 지고 결정된 일에는 적극 협력하고 최선을 다해 성취하는 사람이다.

책임은 프로의식의 기초가 되는 덕목임을 잊지 말아야 한다.

 경쟁자들의 비열한 시장 논리 속에서도 올바른 내면적 태도와 윤리의 기반이 있다면 큰 상처 없이 잘 극복할 수 있다. – 헤르만 요셉 조헤(경영 컨설턴트)

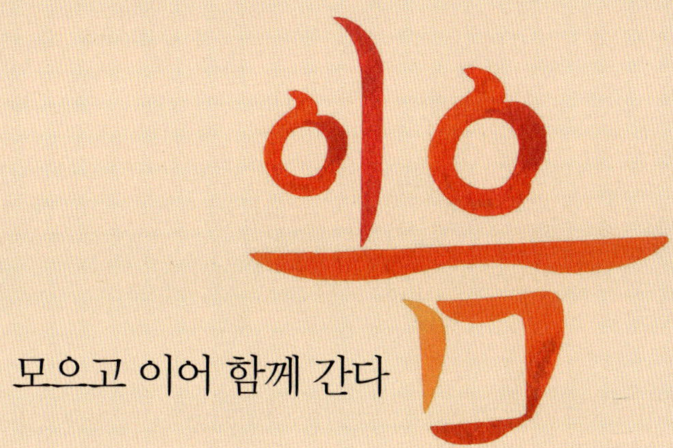
모으고 이어 함께 간다

관계의 폭이 인생의 폭

두 선배의 진급

여군인 L은 요즘 생각이 많다. 얼마 전 진급에 지대한 영향을 줄 교육 과정을 마쳤는데, 남자 교육생들 틈바구니 속에서 워낙 힘을 쏟다 보니 조금은 녹초가 된 상태다. 생각한 것보다 성적이 부진해서 우울하기도 했다. 상위권에 들어야 다음 진급을 확실히 보장받을 수 있다고 하는데, 성적에 영 자신이 없었다. 그런데 며칠 전 발표된 의외의 진급 결과에 놀라 생각을 가다듬었다.

지난번 교육과정에서 최상위 성적이던 K선배가 진급에서 누락된 것이다. 반면 중상위권 성적에 올해 2차 진급심사에 오른 H선배가 진급했다. 자신감으로 늘 밝은 얼굴이었던 K선배의 상심은 말할 수 없이 컸고, 많은 동기나 후배들도 놀란 건 당연한 일이었다. 그러나 L이 곰곰이 생각해 보니 어찌 보면 후배들 입장에선 '당연한' 결과였다는 생각이 들었다. 상급 지휘관과 여타 다른 후배 간부 사이에서 중간관리자 역할을 해야 하는 자리에 K선배보다는 H선배가 훨씬 적임자라는 생각이 들었기 때문이다.

H선배는 주변에 이렇다 할 특별한 적이 없다. 포용력과 리더십이 있어서 주변 사람들의 평가도 꽤 우호적이다. 후배들의 실수를 덮어서 자신이 책임질 줄도 알고 궂은일도 도맡아했다. 반면, K선배는 자신의 일은 빈틈없이 처리하고 책임감이 강하지만 그게 전부였다. 남에게 아쉬운 소리도 안 하지만 남을 돕는 일에도 인색했다. 누군가 부탁을 하면 마지못해 들어주거나 그 자리에서 거절하는 일도 꽤 있었다. 후배들끼리 모였을 때는 K선배의 차디찬 성격을 두고 악의 섞인 농담이 오간다.

L은 확실히 용기를 얻었다. 자신의 능력과 교육성적도 중요하지만 무엇보다 인간관계가 원만하고 사람과 사람 사이에서 한결같이 올바른 처신을 해온 사람이 진급한다는 사실에서 '인사가 만사'라는 말이 피부에 와 닿는 느낌이었다. L은 더 이상 교육성적에 연연하여 위축되지 말아야겠다는 생각을 다졌다. 그것은 오로지 진급을 위해서만 군생활을 하는 사람의 자세밖에 되지 않는다고 믿었다. 비록 여자의 몸으로 남자들의 아성이 굳건한 직업군인의 세계에 발을 들여놓았지만 이제 그녀는 자신

감이 충만하다.

다양한 사람들을 만나라

성공한 사람들의 특징 중 하나가 인생의 폭이 넓다는 점이다. 다양한 사람들을 만나기 때문에 다양한 계층과 직업을 가진 사람들과도 대화를 나눌 수 있게 된다. 그런데 요즘 젊은이들 중에는 자신보다 나이가 많은 사람과는 제대로 대화를 못 하는 사람이 꽤 많다. 자기 또래하고는 잘 어울리고 말도 잘하면서 후배나 상사와의 관계에서는 어려워하는 기색이 역력하다.

우리가 돈을 벌든 명예를 얻든 무언가를 성취하려는 욕망이 있다면 먼저 나이, 성별, 학력, 취미, 지역의 차이를 초월해서 다양한 사람들과 대화하고 설득할 수 있는 능력을 갖추어야 한다. 학교교육은 많이 받지 못했어도 일찍부터 현장에서 많은 일을 경험한 사람들은 여느 사람보다 지혜와 처세가 더욱 돋보인다. 다양한 사람들을 만나면서 견문이 넓어지고 다양한 사람들의 태도를 간접적으로 경험하게 되기 때문이다.

저 사람은 남자라서 불편해, 저분은 연세가 많으셔서 어려워, 저 사람은 시골 태생이라서 말이 안 통하고 답답해, 난 잘 아는 사람하고 편하게 만나서 이야기하는 자리가 좋아. 이런 식의 낯가림은 곤란하다. 어렵더

라도 일단 만나서 듣는 것이 많아지면 남을 이해하고 포용하는 능력이
길러진다.

인격의 폭을 넓히는 일에 힘써라. 그래야 동료들에게 인정받고 상사
에게 신뢰받으며, 후배들이 따른다. 젊을 때부터 다양한 사람들을 만나
야 하는 이유가 바로 여기에 있다.

지금이라도 내 인간관계의 테두리가 너무 뻔하고 좁다고 느껴지면 과
감히 움직여라.

 내가 남들을 위해 사는 지금에 와서야, 아니면 적어도 그러려고 노력하는 지금에
와서야, 나는 인생의 행복을 깨닫는다. - 톨스토이(작가)

어렵더라도 일단 만나서 듣는 것이
많아지면 남을 이해하고 포용하는
능력이 길러진다.
인간관계의 폭이 인생의 폭이다.
지금이라도 내 인간관계의
테두리가 너무 뻔하고 좁다고
느껴지면 과감히 움직여라.

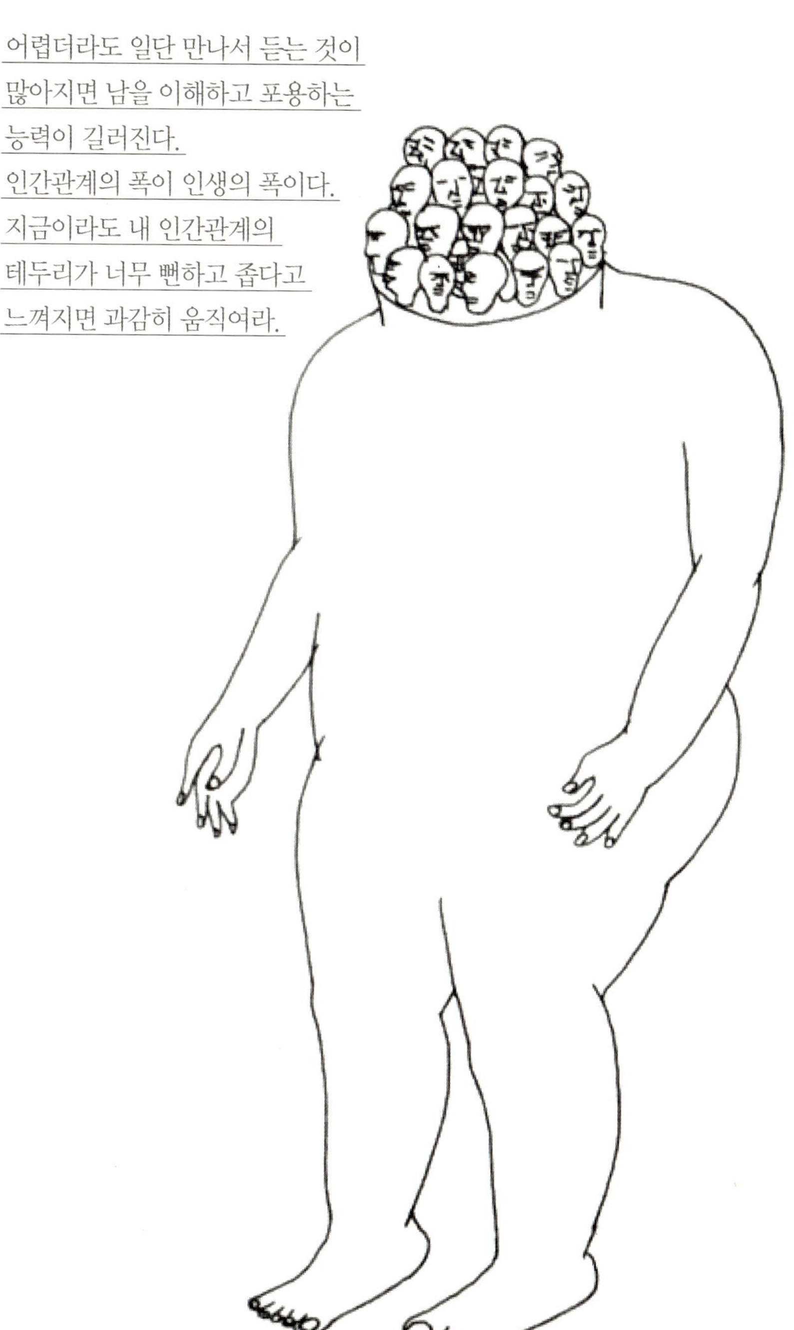

내 편 만들기는 나 하기 나름

배려와 베풀기가 핵심이다

나보다 남을 먼저 배려해야 한다는 것은 우리가 이미 어릴 적부터 배우는 상식이다. 그러나 이것을 실천하고 사는 사람은 생각 외로 적다. 상대방의 입장을 생각하고 베푸는 자세야말로 모든 인간관계의 핵심이다. 세상이 아무리 바쁘게 돌아가고 빨리 변하더라도 '베푸는 대로 받는다.'는 원칙은 변하지 않는다.

맑은 물에 고기가 모이지 않듯 매사에 깐깐하고 이성적이며 날카롭기만 한 사람 주위엔 사람이 모이지 않는다. 내 주위엔 왜 친구가 없을까, 왜 내 주변엔 따뜻한 사람이 없을까 하지 말고 먼저 자신이 베풀기를 실

천하는 것이 중요하다.

베풀기는 메아리와 같아서 언제든지 되돌아온다. 설령 자신이 베푼 사람에게서 돌아오지 않아도 꼭 다른 방향에서라도 돌아오게 마련이다. 그건 세상의 이치와 닿아 있어서 오랜 세월 동안 많은 사람이 경험적으로 터득한 지혜이기도 하다.

먼저 가장 가까이 있는 사람들에게 아낌없이 베풀고 그들을 배려하는 마음을 버리지 말아야 한다. 상대의 단점을 보기보다 장점을 보면서 칭찬할 궁리를 하고, 편한 위치에 있는 사람보다 어렵고 고단한 위치에 있는 사람의 처지를 이해하고 거들 줄 아는 것이 올바른 마음 씀씀이다.

절친한 사이라면 동료끼리 어깨를 가볍게 두드려주고, 말 한마디 없이 손을 한번 잡아주는 것만으로도 상대에게 큰 힘이 되고, 동료 관계가 향상된다.

칭찬은 부메랑이다

상대방에 대한 자신의 마음을 표현한다는 것은 해보지 않은 사람에게는 적지 않은 용기가 필요하다. 쑥스럽기도 하고 혹시 그렇게 말해주는 일을 입 발린 소리로 느낀다거나 자신에 대한 '참견'으로 느끼는 사람이 더러 있을 수 있기 때문이다. 아주 어렵사리 칭찬의 말을 했는데 이런 사람을 만난다면 마음의 상처가 될 수도 있다.

그러나 이렇게 별난 사람은 아주 드물다. 대부분의 사람은 자신을 걱정해 주고 자신의 마음을 알아주는 사람에게 마음을 열고 신뢰한다. 혹시 마음을 읽는 일에 초점을 잘못 맞추어 어긋났다 하더라도 그 해석이 악의적이지 않다면 얼마든지 받아들여질 수 있다.

서로 갈 길이 바쁜 상황에서 짧게 말을 던져보라.

"과장님, 오늘 넥타이 색깔이 너무 예뻐요. 사모님 감각이 보통 아니신 것 같아요."

"어제 팀장님 아니었다면 전 집에 가지도 못할 뻔했어요. 퇴근시간 임박해서 도와주신 거 너무 감사해요. 저라면 귀찮아서 핑계 대었을 시간인데… 정말 감사드려요."

"김 부장님은 정말 젠틀맨이세요. 저희 거래처가 많지만 김 부장님처럼 뒷일을 깔끔하게 처리해 주시는 분은 못 봤어요."

슬쩍 지나가는 말일지라도 사람의 마음을 어루만지는 말에는 누구나 감동을 받는다. 물론 이런 칭찬의 말을 해보지 않은 사람이라면 처음엔 대단히 쑥스러울 수 있지만 말은 자꾸 할수록 는다. 더 '대담하게' 칭찬해라.

그 사람의 지위가 아무리 높다 해도, 공헌과 책임보다는 노력과 권한에 주로 초점을 맞추는 사람이라면 자신이 한갓 다른 사람의 부하에 지나지 않음을 인정하는 것이나 다름없다. – 피터 드러커(경영학 구루)

칭찬은 몸에 배야 더 아름답다. 몸에 밸 수 있을 때까지 의식적으로라도 칭찬하기를 게을리 하지 말아야 한다. 그리고 칭찬을 하면 칭찬을 받은 사람만 기분이 좋아질까? 결코 아니다. 내가 던진 부메랑처럼 칭찬은 내게도 기분 좋게 돌아온다. 기분이 좋아진 상대방의 얼굴을 보는 것만으로도 내 기분이 좋아지고, 더구나 상대방이 내게 칭찬을 해주는 경우도 많기 때문이다.

친절과 칭찬이 몸에 배인 사람을 어느 누가 좋아하지 않겠는가.

공짜 없는 네트워크

네트워크는 밥을 타고

직장생활 7년차인 H는 늘 혼자 밥을 먹는다. 누군가 같이 밥을 먹자고 할까봐 점심시간은 바쁜 척하면서 먼저 가서 먹으라고 동료들에게 말하기 일쑤다. 집에 생활비를 꼬박꼬박 보태야 하는 빠듯한 생활로 여럿이 어울려 식사를 하고 때로 자신이 밥값을 내야 한다는 사실이 부담스럽다. 식사는 구내식당에서 혼자 먹고, 자판기 커피를 뽑아 마시며 점심시간을 보낸다. 저녁시간에도 되도록 약속을 피한다. 여자라는 핑계로 다른 상사나 선배에게 얻어먹는 것은 그리 부담스럽진 않지만, 동료나 친구, 후배들과 함께하는 자리는 매번 신세를 질 수도 없기에 영 불편하다. 식사나 술자리 후 마무리 커피 값이라도 내야 하는데 요즘은 커피

한잔 값도 만만치 않으니 부담스럽다. 매번 영어학원 간다, 대학동기 모임이다, 집안에 제사가 있다, 이제 더 댈 핑계도 없다.

그런데 K는 그녀와 판이하게 다르다.

K는 외근직 직원도 아닌데 어쩌면 저렇게 약속이 많은지 놀랄 지경이다. 그녀는 선배, 후배, 친구 할 것 없이 먼저 밥을 먹자고 연락하고 약속을 잡는다. 자주 못 본 후배, 신세진 다른 부서 동료, 입사 동기들과의 약속을 미리미리 잡아놓는다. 밤늦게까지 술 마시는 일 같은 건 없지만 점심식사 약속은 빽빽하게 잡혀 있다. 오후 시간 나른해질 무렵엔 비록 자판기 커피일지라도 부서원들에게 한잔씩 돌리기도 잘한다.

H는 K가 은근히 부러울 때가 있지만 자신의 방식을 그다지 나쁘게 생각지 않는다. K처럼 해봐야 자기 호주머니만 가벼워진다는 생각을 갖고 있기 때문이다.

그러나 사람은 똑같다. 여자라고 늘 공짜로 얻어먹고 다니면 발전이 없다. 개인 성격 탓으로 돈 쓰는 일이 싫다면 어쩔 수 없지만, 단지 돈 때문에 자신의 생각, 실력, 비전을 다른 사람에게 알리고 여러 사람과 교류할 기회를 놓친다면 실력이 있다고 해도 실력을 알릴 기회를 갖지 못하게 된다.

네트워크에는 돈이 든다. 공짜가 없다. 먼저 밥을 사고 차 한잔이라도 대접해야 내가 약속한 사람에게 당당해질 수 있다. 도움을 받고 싶고 한 수 배우고 싶다면 아무리 여자라도 얻어먹기만 하지 말라. 밥을 먼저 사게 되면 내게 필요한 사람을 고를 수 있다. 좋아하는 사람, 호감 가는 후배, 나중에 도움을 줄 수 있을 것 같은 선배 등등.

또 밥값을 내는 사람은 자신이 대화를 주도할 수 있다. 내가 하는 말에 최소한 귀를 기울여준다는 얘기다. 얻어먹은 사람은 다음에 자연스럽게 밥을 사게 된다. 그렇다고 금방 모든 것을 함께할 동지가 되는 것은 아니지만 분명히 유대감은 생긴다. 다른 부서의 다양한 계층과 만남으로써 사내 정보에 밝아질 수 있고, 앞으로 자기가 하는 일에 조언이나 도움을 받을 수도 있다. 여자니까, 혹은 후배니까 하면서 요리조리 핑계를 대지 말아야 한다. 네트워크에는 돈과 시간이 든다. 이런 노력 없이 성공을 기대하지 말자.

자신에게 원대한 꿈이 있다면 옷 한 가지를 덜 사더라도 다른 사람에게 밥 사는 일을 고민하지 말라.

문을 활짝 열어두어라

여성 직장인을 소재로 한 TV 드라마를 보면 늘 여자주인공 곁에 항상

가장 좋은 직원은 모든 것을 할 수 있거나 더 많이 알고 있는 사람이 아니라, 새로운 것에 목말라 하는 사람이다. 의지를 가진 사람은 변화를 위한 원동력이 될 수 있다. - 헤르만 요셉 조혜(경영 컨설턴트)

붙어다니며 함께 수다를 떨고, 함께 식사를 하고, 퇴근 후에 술잔을 기울이는 여자 동료가 있다. 그러나 회사에서는 지나칠 정도로 가까운 동료를 만들지 않는 게 좋다. 여성의 경우 늘 같이 밥을 먹고 회사의 온갖 정보와 소문을 함께 나눌 '수다 친구' 두기를 마다하지 않는 편이다. 그러나 이런 식의 네트워크는 생각을 조금 달리 해야 한다. 필요 이상으로 친밀한 동료는 다른 사람과 폭넓은 교류를 방해할 수 있기 때문이다.

때론 동료의 눈짓을 과감히 사양하고, 어색하게 지내던 상사가 사주는 공짜 밥도 알뜰하게 챙겨 먹고 눈도장도 찍어두며, 자신이 아는 거래처 사람들과도 점심 약속을 잡는 프로다운 버릇을 들여야 한다. 그리고 저녁에는 더욱 적극적인 프로그램이 필요하다. 낮에 함께 밥 먹고 틈만 나면 얼굴 마주대고 수다 떨던 동료와 다시 저녁 약속을 잡고 호프집에 가고 함께 쇼핑하는 일은 이제 접어야 한다.

영어학원을 다니든 운동을 하든 퇴근하고 나면 회사 동료들로부터 확실하게 탈출해야 한다. 학원이든 헬스클럽이든 동호회든 내가 일하는 분야와는 다른 분야에서 일하는 사람들과 교류할 수 있는 가능성에 문을 활짝 열어야 한다. 보다 넓고, 보다 풍성한 네트워크를 위해!

끈도 끈 나름

휴먼 네트워크가 중요하다

휴먼 네트워크는 사람끼리 만나는 것이 재미있고, 서로에게 도움이 되는 것이 중요하다. 인터넷으로 인해 사람 사이의 따뜻하고 직접적인 교류가 줄어든 단점을 극복해야 한다. 사람을 볼 때는 그 사람이 매력적인 사람인가, 신뢰할 수 있는 사람인가, 내가 배울 게 있는 사람인가를 찾아서, 오래도록 관계를 유지할 수 있어야 한다.

그리고 지연, 혈연, 학연을 뛰어넘어서 내 옆에 가까이 있는 사람, 직장 안에서 나와 얼굴을 마주대고 일하는 사람과의 관계를 소중하게 생각해야 한다. 늘 감사하는 마음, 존경하는 마음, 베푸는 마음이 있어야 한다. 내게 도움을 주는 사람이 꼭 나보다 높은 위치에 있을 필요는 없

다. 아무리 작은 부분이라도 내가 다른 사람에게 도움을 줄 수 있는 자리
에 있다면 먼저 도움을 주고, 그러면 나를 만나는 많은 사람들 또한 나와
마음을 나누고, 내게 정보를 주고, 고민을 풀어줄 수 있다.

아무리 컴퓨터가 모든 일을 대신하고 인터넷으로 인간관계가 형성되
어도 사람들은 결국 따뜻한 스킨십이나 진심이 느껴지는 마음 씀씀이에
감동을 받는다는 점을 잊어서는 안 된다. 학연이나 지연, 혈연보다 진실
과 성실로 이어지는 끈을 만드는 것이 가장 중요하다.

넷연(Network+緣)이 열쇠다

요즘 사람들은 대부분 아침마다 SNS를 점검하는 것부터 하루 일과를
시작한다. 동창회 소식, 창업한 친구 소식, 전화번호 변경, 동호회 공지
사항 등 트위터나 페이스북, 스마트폰의 카카오톡은 새 메시지로 그득
하다. 모임의 총무 역할을 해본 사람이라면 잘 알겠지만, 많은 회원들에
게 일일이 연락해서 모임을 꾸려나간다는 것이 얼마나 품이 많이 드는
일인지 모른다.

요즘은 온라인 커뮤니티가 학연이나 지연으로 맺은 인연보다 더 소중
하다고 생각하는 사람들이 많다. 온라인 커뮤니티는 사회적 다양성과 개
방성을 증폭시키는 역할이 크기 때문에 학연과 지연, 혈연끼리 뭉치는

폐쇄적인 '패거리집단' 대신에 취미와 재미, 전문적인 관심사를 주제로 한 개방적 공동체로 새롭게 자리 잡았다. 게다가 온라인 커뮤니티의 다양성은 혀를 내두를 정도다. 예를 들면 만화 속 캐릭터를 따라하는 코스프레 동호회, 머리염색에 미친 사람들의 모임, 풍선공예를 즐기는 사람들의 모임 등 영역이 세분화되고 상상을 초월하는 모임들로 가득하다.

무역회사에 다니는 H는 프로가수 뺨칠 정도로 노래 솜씨가 좋다. 그녀는 취미생활로 아카펠라 동호회에서 활동하는데, 주말마다 회원들끼리 모여 연습을 한다. 이렇게 다져진 실력으로 일년에 한두 번씩 정기공연도 열고, 때로는 방송프로그램에 초청을 받기도 했다. 단지 노래 부르기를 좋아한다는 이유만으로 온라인에서 회원들끼리 모여서 만든 모임이다. 이들 사이에 다져진 넷연(Network+緣)의 결속력은 지연과 학연에 기초한 향우회나 동창회보다도 강하다.

이제 넷연을 키우는 것은 선택이 아닌 필수가 되었다. 일 년에 한두 번 드문드문 얼굴 보는 동창회보다, 의무적으로 흔적 한 번 남기는 동창회나 향우회 사이트보다 훨씬 재미있고 흥미롭고 역동적이다. 사람 수만큼이나 다양한 주제와 소재를 가지고 넷연을 키워나가는 사람들이 많다. 아직도 집과 직장, 직장생활에 필요한 학원 정도의 커뮤니티로 만족하는 사람이 있다면 조금 더 욕심을 내자.

넷연은 내 커뮤니티의 반경을 무한대로 넓혀줄 즐거운 공간이다.

 지금 하는 일에 불만이 있다면 천직을 만날 수 없다. – 야나세 다카시(호빵맨 작가)

"과장님, 오늘 넥타이 색깔이 너무 예뻐요."
"정말 감사드려요."
"김 부장님은 정말 젠틀맨이세요."
칭찬은 하면 할수록 는다 '대담하게' 칭찬해라.

마음을 보내라

내 인생의 단비 목록을 만들라

사람은 만남과 헤어짐을 무수히 반복한다. 그나마 헤어지지 않고 늘 같이 살 수 있는 사람이 가족이지만 요즘은 가족마저도 온전하게 한 공간에서 얼굴 맞대고 살지 못하는 경우가 많다. 주말 부부, 기러기 아빠, 유학 중인 자녀 등등 집집마다 말 못 할 사정은 다양하다.

가족은 아니지만 살면서 내게 꼭 필요한 사람을 만나기도 한다. 가까이 있으면서 내게 조언을 해주고 쓴소리를 해줘도 좋겠다 싶은 사람. 그 밖에도 인연을 놓치고 싶지 않은 사람, 평생 지인으로 삼고 싶은 사람. 그러나 아무리 오래 같이 일하고 만나고 싶은 사람이라도 당장 내일부

터 일을 함께하지 못하는 경우도 생긴다. 섭섭하지만 떠나보내야 하고 또 다른 새로운 사람을 만나 다시 인연을 맺고 일을 진행시켜야 한다.

그러나 대부분은 소중한 사람들과 연락을 이어나가지 못하는 경우가 허다하다. 처음 한두 번만 전화하고 연락하다가 점차 자신의 생활에 바쁜 나머지 그 인연의 끈을 슬쩍 놓고 마는 것이다. 어느 날 문득 어려움에 처하거나 도움이 필요할 때 '그 사람'이 생각나서 그립지만, 안타깝게도 다시 연락을 시도하기엔 멋쩍고 속보이는 일이라 쉽지 않다. 평상시에 안부전화를 하기는 쉬워도, 갑자기 어떤 도움을 청하려고 한동안 잊고 지낸 사람에게 연락한다는 것은 뒤통수가 뜨뜻한 일이다.

평소에 내 사람에 대한 관리를 적극적으로 해야 한다. 분명하게 내 인생의 도우미가 되는 인물이고, 또한 인간적으로 내 삶에 단비 같은 역할을 해주는 사람들은 그 특별함만큼 특별한 관리와 대접이 필요하다. 그냥 잊히고 그러다가 어느날 문득 절실하게 그리워지는 난감한 상황에 빠지기 전에 평소 내 인생의 도우미, 내 인생의 단비 목록을 만들어라.

그들의 정보를 수첩이나 폴더로 따로 만들고 내 인생의 단비 목록을 꼼꼼히 챙기는 습관을 가져라.

아날로그와 디지털 서신

요즘 시대는 사람과 사람 사이의 교류나 소식을 빠르고 쉬운 방법으로 전할 수 있는 많은 수단을 가지고 있다. 편지지를 고르고 봉투와 우표를 사서 손글씨로 써야 하는 편지는 처음부터 사람을 주눅들게 하는 어려움이 있다. '글을 잘 못 쓰는데, 뭐라고 첫인사를 시작해야 하지?', '내 글씨는 나만 알아보는 악필인데, 내용을 보기도 전에 읽기 싫어지면 어떡하나?', '써놓긴 했는데 부치러 나갈 때마다 자꾸 잊고 마네. 며칠 지나서 다시 써야겠는걸!' 여러 가지 걱정부터 앞서고 불편한 게 사실이다. 그래서 편지 한 통 보내는 일이 쉽지 않았고, 그 때문에 받는 사람은 어느 정도의 정성을 느꼈다. 그러나 지금은 디지털 세상이다. 메일도 있고 메신저도 있고 스마트폰으로 메시지든 사진이든 동영상이든 무엇이든 주고받을 수 있다. 얼마든지 자신의 소식과 근황을 쉽고 재미있게 알릴 수 있다.

오랫동안 함께 일하고 싶은 사람, 인간적으로 신뢰와 애정이 가서 마음을 편안히 쉬게 해주는 사람, 죽을 때까지 교류하고 싶은 사람, 내 사회생활의 적극적인 멘토를 자처한 사람들의 인명부가 있다면 언제든지 그들과 정기적으로 교류하는 일이 필요하다.

일주일에 한 번이든, 2주에 한 번이든, 한 달에 한 번이든 내가 만든 이메일 뉴스레터를 발송하는 것은 어떨까. 내 소식과 함께 내 사진을 넣

좋아하는 것을 소중히 여기고, 그것을 위해 무엇을 해야 하는지 생각하는 것. 이것이 지구 온난화에 대한 저의 대답입니다. – 오하라 레이(사진작가)

어도 좋고 간단한 편지라도 좋다.

짧은 개인메일을 보내는 일도 필요하다. 그리고 일 년에 한두 번씩 아날로그 감성에 호소하는 카드나 편지를 직접 손으로 써서 보내면 감동은 두 배다. 늘 당신을 생각하고 있으며 당신과의 인연을 소중하게 생각하고 그 끈을 놓고 싶지 않다고 표현하면 된다.

인간관계에는 부지런함이 생명이다. '누가 나에게 먼저 연락해 주겠지.' 하는 편안한 생각은 떨치고 내가 먼저 연락하고 손을 내미는 자세가 중요하다.

작은 인연을 소중히

나는 이 사람을 또 만날 것이다

불가에는 '옷깃만 스쳐도 인연'이라는 말이 있다. 하지만 이 말은 세상이 발전하고 인구가 폭증하면서 그야말로 불가의 설법에만 머물 정도로 유명무실해졌다. 우리가 아침에 지하철을 타거나, 주말에 사람들이 몰리는 번화가를 걸어보면 옷깃을 스치는 사람만 해도 수십 명에 달할 것이다. 이런 상황에서 옷깃만 스쳐도 인연이라니….

그러나 웬만한 사람들은 이상한 인연이나 특별한 인연, 운명적이거나 숙명적인 인연에 대한 경험이 한 번쯤 있을 것이다. 소름이 돋는, 그리고 말로 표현할 수 없고 전율이 일었던 경험 말이다. 이런 인연은 과학이나

문명의 테두리에서 설명할 수 없는 인간사의 본질에 접근하는 문제라고 할 수 있다. 정말 '인연'은 처음도 끝도 명쾌하게 알 수 없는 특별한 우리 삶의 무늬다.

그런데 인연은 종종 악연처럼 되어버리거나 악연처럼 보일 때도 있다. '이 사람을 언제 다시 본다구…. 좀 그래도 돼.' 사람 사이의 만남을 쉽게 생각해서 행동거지를 거칠게 대한 경우다. 근데 그렇게 대한 사람을 또다시 다른 자리에서 만난다면? 나의 신임상사가 되어 왔다거나 중요한 거래처 실장이라거나 이렇게 만난다면 이건 하늘이 노래질 상황이다. 근데 이러한 상황은 영화나 드라마 속에서만 일어나는 억지스런 설정이 아니다. '사람 앞일은 모른다.' 라는 말처럼 죽었던 사람이 다시 살아나는 일이 아닌 이상, 충분히 일어날 수 있다.

그래서 어떤 경우든 사람과의 만남을 가볍게 여겨서는 안 된다. '나는 이 사람을 언제 어디서 어떤 상황에서 또 만날지 모른다.'는 것을 전제로 늘 인간관계를 조심히 맺고 오해 없이 풀어나가야 한다. 먼젓번의 만남에서 다소의 오해나 실수가 있었다면 바로바로 풀고 용서를 구하는 일이 사태를 크게 악화시키지 않는 길이면서 악연같이 보이는 것을 좋은 인연으로 끌고 갈 수 있는 비결이다.

명함을 많이 쓰는 여자

한 달에 명함을 서너 통씩 찍어내던 홍보회사 실장 K는 예전처럼 아무에게나 명함을 건네지 않는다. 그리고 최근엔 친분 있는 사람들 위주로 만난다. 그런데도 K는 명함이 한 달에 꼬박꼬박 두 통씩 필요하다고 한다. K는 집에서 아침밥을 먹어본 기억이 별로 없다. 서서 먹는 간단한 테이크아웃 음식이라도 늘 사람들과 만나서 아침 먹는 일을 즐긴다. 이젠 아침밥을 집에서 먹으려고 하면 어머니가 어디 아프냐고 묻기까지 하실 정도다.

K는 스스로를 ‘마음 약한 여자’라고 한다. 남에게 관심을 보이고 함께 고민하다 보면 마지막 순간에 선뜻 뿌리치지 못한다는 것이다. 다른 사람들 애기를 들어주다 보니 정작 자신의 일을 처리하지 못해 바쁠 때도 많다. “생기는 것이 없다고 야박하게 돌아설 수야 없지 않으냐.”는 것이 K의 해명이다. 어려울 때 서로 돕고 쓰다듬고 격려하는 의리가 필요하다는 뜻이다. 그녀 나름의 ‘마당발 철학’이 잘 드러나는 말이다.

K는 또한 ‘조그마한 인연도 소중히 여기는 자세가 중요하다.’는 말을 늘 실천하면서 산다. 예전에 근무한 회사에서 모셨던 분들을 가끔씩 찾아가기도 하고 같이 일했던 동료들과 만나기도 한다. 모든 만남을 계산 속에서 이어가서는 안 되지만, 끈끈한 인간관계는 생각지도 못한 때에 뜻하지 않은 힘이 될 수 있다.

자신만의 스타일을 만드는 데는 20년도 부족하다.
– 가츠라 요네마루(일본 최고령 만담가)

K는 사소한 약속이든, 중요한 약속이든 반드시 지키는 것을 철칙으로 삼아왔다고 한다. 한번 약속한 일은 그 사람과의 인연을 소중히 하는 마음에서 꼭 지킨다. 나보다 못한 처지에 있는 사람과의 약속이나 만남이라고 해서 함부로 생각하거나 불성실한 자세로 대한다면 언제 큰코 다칠 위기에 놓일지 아무도 알 수 없다.

왜냐하면 사람의 앞날은 그 누구도 장담할 수 없기 때문이다.

사소하고 작은 데서 크고 높게 쌓기

지나가는 말이 아니다, 반드시 지킨다

"김밥을 그렇게 좋아하세요? 언제 제가 만든 김밥도 품평해 주세요."
"나중에 제가 그 자료 한번 갖다 드릴게요."
"언제 맥주 한잔 살게요."

P는 남에게 호의를 베푸는 말을 잘한다. 그리고 그 약속을 철저히 지킨다. 사람들이 자주 말하는 '언제 밥 한끼 같이 먹어요.', '가까운 시일 내에 꼭 한번 찾아뵐게요.' 같은 말은 사실 의례적인 인사에 지나지 않을 때가 많다. 주변 사람들이 감탄하는 P의 인간성은 바로 이렇게 누구나 쉽게 많이 하는 말이면서 의외로 잘 지키지 않는 말을 꼭 지킨다는 점

에서 남다르다. P가 철저하게 지키는 약속에 익숙하지 않은 사람은 종종 당황하기도 하지만 조금 더 그녀를 알게 되면 감탄을 하게 된다.

P는 이틀 후 손수 김밥을 싸 가지고 출근을 해서 몇몇 사람의 점심시간을 즐겁게 해주었으며, 부탁한 자료는 바로 다음날 책상 위에 가져다 놓았다. 까다로운 일을 의외로 선선히 해결해 준 거래처 직원 세 명에게 감사의 뜻으로 맥주를 산 건 물론이다.

회사의 동료들은 그녀를 절대적으로 신뢰한다. P는 확실한 사람이다, 틀림없는 사람이다, 하늘이 두 쪽 나도 자신이 말한 건 정확하게 지킬 사람이다, 라는 믿음들이 저마다 마음속에 자리 잡고 있다. 동료가 이렇게 물어본 적이 있다.

"P, 그냥 지나가는 말로 한 약속을 지키지 않는다고 해서 누가 뭐라고 할 사람 아무도 없는데 꼭 지키는 이유가 뭐야? 어떨 땐 이런 자신의 생활이 좀 피곤하고 힘들지 않아?"

하지만 P는 미소를 지으며 동료의 질문에 답변했다.

"나는 지킬 수 있다고 생각한 일만 입 밖으로 소리내서 말해. 지키지 않을 것, 지키지 않아도 된다고 생각하는 것은 아예 말도 안 꺼내. 그 판단만 정확하게 하면 되니까 별로 힘들지 않아."

P는 이렇게 자신에게는 엄격하지만 다른 사람에게 자신의 자세를 강요하는 일은 절대로 없다. 왜 지난번 약속을 지키지 않느냐는 식의 꼬투리 잡기는 절대 안 한다는 뜻이다. 그렇기 때문에 다른 사람들이 P를 부담스러워하거나 어려워하는 일은 없다. 그녀는 자신의 신뢰를 작은 것에서부터 쌓아왔다.

잘나갈 때 더 중요한 배려

사람을 믿을 수 있는가 없는가를 재는 척도는 여러 가지가 있겠지만, 무엇보다 그 사람이 한 단계 업그레이드된 위치에 있을 때의 태도 변화를 유심히 살피는 일은 꽤 중요하다. 사람들에게 화장실 들어갈 때 다르고 나올 때 다르다는 느낌을 준다면 그 사람은 성공 확률이 점차 낮아질 것이다.

자신이 아쉽고 필요할 때는 필요한 사람을 열심히 찾아다니고 인사하고 챙기다가도 자신에게 필요 없다고 판단했을 때 확실히 어딘가 모르게 달라진 태도를 보이는 사람들이 적지 않다. "필요할 때 필요한 만큼의 인사를 하면 그만이다. 새 사람이 오면 새 사람과 다시 사귀면 된다. 과거의 인연까지 관리한다는 것은 너무 피로하고 비용 면에서 손해다." 라고 생각하는 사람이 분명 있다.

 인생은 공평하다. - 가토 아이코(일본 최고령 성악가)

　그러나 자신이 잘나간다고 생각할 때 가능하면 많은 사람을 배려하고 베풀 수 있어야 한다. 누구든 잘나가는 일이 언제까지 계속될지 아무도 예측할 수 없다. 잘나갈 때 젠체하거나 거들먹거리느라고 인간관계를 돈독하게 해놓지 않아서 낭패를 보는 사람이 되어서는 곤란하다.

　'아, 이게 꿈이 아닐까?' 싶게 좋을 때가 반드시 있다. 그러나 어느 순간 '그건 악몽이었어?' 싶게 나쁘게 돌아갈 때도 반드시 있다. 만약 자기는 항상 잘나가리라고 생각하는 사람이 있다면 지금 이 시간부터 정신을 바짝 차리지 않으면 안 된다. 하는 일이 잘 풀리고 기분이 한없이 여유로울 때 친구와 주변 사람들에 대한 배려를 잊지 말아야 한다. 그로 인해 한층 한층 쌓여가는 신뢰는 당신의 성공 확률을 높이는 계단이 된다.

사랑과 연애 경험도 재산

단련되는 감정선

노처녀 L은 업무에서는 정확하고 세련되어 많은 사람들의 신뢰를 얻고 있지만 인간관계에서는 이상하게 서툰 데가 있다. 그녀는 이상하게도 남자 동료들의 친절에 도무지 익숙해지지 않는다. 늘 얼굴이 화끈거리고 '이 남자가 나에게 이렇게 친절한 이유가 무엇일까? 혹시?' 하면서 미리 앞서가고 애를 태운다.

절대 독신을 고집하지 않는 그녀로서는 결혼을 하고 싶은, 결혼을 해야겠다는 부담 때문에 그럴 수 있겠다 싶지만 좀 지나치다. 그 나이에 그 정도의 사회 경험이 쌓였다면 웬만한 남자는 눈 하나 깜짝 안 하고 요리

할 수 있을 법도 한데 그녀는 늘 쩔쩔맨다.

반대로 4년 후배인 S는 남자 동료들을 대하는 태도가 지극히 자연스럽다. 그녀는 아주 매력적이라 구애하는 남자들이 많지만 절대 당황하지도 않고 쉽게 동요하지도 않는다. 자기 매력에 대한 자만심이라고 하기에는 S는 예의 바르고 겸손하다. 그녀는 남자들과 선을 지키면서도 친하게 지내는 방법을 알고, 기분 나쁘지 않게 확실히 거절하는 방법도 안다.

두 사람의 차이는 연애 경험에서 온다. L은 남자하고 연애는커녕 데이트를 해본 경험이 거의 없다. 늘 겁을 내고 경계하며 학창시절을 보내고 사회생활을 하다 보니, 이성과의 관계에서 일 말고 다른 감정을 조절하는 것에는 영 서투르다. 오해도 잘하고 혼자 속 끓이다가 상처도 받았다.

반면 S는 많은 이성친구를 가볍게 사귀어보았고 꽤 오랫동안 사랑한 남자와 헤어진 경험도 가지고 있다. 그녀는 남자의 생각과 감정을 읽는 일에 어느 정도 익숙하고 거기에 대응하는 방법도 세련되었다. 그녀는 줄기차게 구애를 해오는 남자나 혹은 자기 스스로 호감이 가는 남자를 앞에 두고도 지나친 마음의 동요 없이 일할 수 있을 정도로 감정선이 단련되어 있다.

S를 두고 '너무 감정이 닳고 닳은 것이 아니냐, 감정이 너무 메말랐

다.' 라고 할 수도 있지만 그녀는 사랑에 대해 마음을 닫은 것도 아니고 자신의 감정을 왜곡하는 것은 더욱 아니다. 다만 자신의 감정을 조절하고 타인의 감정을 존중하는 데 어느 정도 단련이 되어 있다고 할 수 있다.

열 번이라도 사랑하라

어떤 경험이든 두루두루 경험을 해봤다는 것은 돈으로 살 수 없는 훌륭한 정신적 재산이 될 수 있다. 사랑과 연애의 경험 역시 마찬가지다. 젊었든 나이가 들었든 사랑이나 연애 감정을 오랜 시간 두루 겪어 본 사람들의 감정은 꽤 안정되어 있고 상대의 진심을 알아보는 혜안도 생긴다.

사랑에 너무 깊은 상처를 받은 사람은 자칫 마음의 문을 닫을 수 있지만 또 다른 진실한 사랑을 알아보는 눈을 가지게 된다. 아픈 만큼 성숙해 진다고나 할까.

그리고 남을 내 자신보다 더 사랑하고 좋아해 본 경험이 있는 사람은 타인을 이해하고 배려하는 마음도 그만큼 커진다. 열 번 사랑해서 열 번 상처를 받아본 사람이 한 번도 사랑한 적이 없어서 한 번도 상처받은 적이 없는 사람보다 더 성숙하고 순수하며 향기로운 삶을 살 수 있다. 순수

 나쁜 남자보다 못난 남자가 더 해롭다. – 남인숙(작가)

하다는 것은 삶의 어두운 부분을 알면서도 깨끗하고 바르고 아름다운 것을 놓지 않고 지켜가는 사람의 특성이다.

사랑과 연애의 경험은 비록 실패한 기억이 더 많다 할지라도 아주 특별한 재산이다. 사람을 더욱 강하게 만들어주므로.

'여자는 약하지만 어머니는 강하다.' 라는 말 역시 연애와 사랑, 결혼, 출산, 육아를 통해서 남편과 자식이라는 가장 가까운 사람에 대한 사랑의 감정을 마음뿐 아니라 온몸을 통해 두루 체험했기 때문이 아닐까.

사랑하고 연애하는 일에 두려움을 버리자. 언제든지 사랑하고 언제든지 연애하라. 다만 사랑과 연애의 의미와 무게가 너무 무거워져 내 일과 꿈을 가로막는 걸림돌이 되지 않도록 주의를 기울이는 각고의 노력은 필요하다.

사랑이나 연애가 지금 하는 일을 더 잘하게 만들어주고 엔도르핀이 되는 시너지 효과가 크다면 굳이 피할 이유도 없고 피해서도 안 된다.

드러냄

색깔과 스타일을 보여준다

살아가는 힘은 사실 큰 게 아니다.
늘 그렇고 그런 나날 속에서 조금은 튀는 하루를
만들어 삶을 변주하는 것이야말로
나를 활기차게 만드는 원동력이 된다.

성적 매력을 압도하는 매력

현재에 충실한 행복한 여자

'행복한 인생은 길어봤자 5분이다.'라는 말이 있다. 사람에 따라 이 문장에 반응하는 방식이 다를 것이다. 대책 없이 염세적이거나 냉소적인 태도를 지적할 수도 있고, 논리적 근거 없는 감상적 발상을 문제 삼을 수도 있고, "맞아, 딱 그거야!" 손바닥을 마주 치며 반색할 수도 있다. 나는 이 문장이 인간이 끊임없이 추구하는 행복이라는 것의 속성 또는 본질을 눈앞에 구체화하여 보여주는 명언이라고 생각한다.

행복한 사람은 매력적이다. 행복의 속성이나 본질이 무엇인지 몰라도 그 표정을 봄으로써 충분히 알 수 있다. 사실 행복은 자신의 감정이 가장 진실한 순간에 느낀다. 남에게나 자신에게나 속일 수 없는 가장 진실한 감정 상태가 바로 행복이다. 이런 사람들의 얼굴은 환한 꽃처럼 아름답다. 어떤 예쁜 얼굴도, 어떤 최고의 화장법도 그 얼굴을 흉내내지 못한다.

어찌 생각하면 사랑의 감정 또한 넓게는 행복 속에 포함시킬 수 있다. 사랑에 빠진 사람이 주변 사람에게서 예뻐졌다는 말을 듣고, 무슨 좋은 일이 있느냐는 말을 듣는 이유도 진실한 감정에서 오는 행복감 때문이라고 할 수 있다. 그러나 행복은 정작 타인에게서 오는 것이 아니라 자기 자신에게서 온다.

항상 마음을 깨워 현재에 충실히 사는 것이 바로 진실한 감정을 갖는 첫 번째 비결이다. 과거에 집착하거나 노력도 하지 않고 먼 미래만 낙관적으로 그리며 산다면 결코 행복할 수 없다. 〈화〉, 〈화해〉와 같은 책으로 우리에게도 잘 알려진 베트남 승려 틱낫한 스님이 강조하는 것도 이 대목이다. 식사를 할 때는 다른 생각에 휩싸이지 말고 먹는 행위 자체만 의식하면서 현재에 머물라는 것. 차를 마시면서 이전에 같이 차를 마셨던 사람을 생각하지 말고 지금 차 마시는 행위에만 몰입하라는 것. 그래야 우리는 비로소 많은 시간 행복을 느낄 수 있다고 한다.

행복한 여자는 매력 있다. 행복을 느낄 줄 알고 스스로 행복해지는 비결을 아는 여자는 아름답다.

인간적인 매력이 먼저다

'매력'이라고 하면 보통 이성에게 어필할 수 있는 성적인 매력을 먼저 떠올리곤 한다. 남자들 같으면 일단 '짐승남'이든 '꽃미남'이든 외모가 출중해야 하고, 섬세하고 자상하면 좋고 그게 아니면 남다른 특기라도 있어야 한다는 식이다. 여자들의 매력 또한 간단치 않다. 얼굴 미운 건 좀 봐줘도 뚱뚱한 건 못 봐주는 세상이니 여성의 평생 짐인 다이어트에서 자유로울 정도의 몸매는 기본이고, 성형을 해서라도 볼 만한, 볼수록 예쁜 얼굴을 만들어줘야 기 펴고 사는 세상이다.

그러나 이런 성적인 매력을 압도하는 한 수 위의 매력이 있다. 바로 인간적인 매력이다. 불의를 보면 분연히 일어설 용기, 남들이 하기 싫어하거나 조금 귀찮고 힘든 일을 두 팔 걷어붙이고 씩씩하게 할 수 있는 에너지, 이미지나 외양보다 일과 능력으로 자신을 맘껏 보여주는 열정, 속는 줄 알면서도 적당히 속아주면서 뒤를 볼 줄 아는 혜안, 자신의 작은 잘못에는 엄격하지만 남의 큰 잘못은 흔쾌히 용서하고 덮어줄 수 있는 아량, 이런 됨됨이야말로 성적인 매력을 압도하거나 성적인 매력에 시너지 효과를 안겨주는 매력이다.

그러려면 마음을 넓게 쓰는 훈련을 해야 한다. 또한 멀리 내다보는 노력도 게을리 하지 말아야 한다. 코앞의 일만 보는 사람은 넓게 마음 쓰는 일이 불가능하기 때문이다. 혹시 7시 칼퇴근에 목숨 걸다 보니 일을 소홀히 해서 나 때문에 야근을 해야 하는 동료가 있는 건 아닌가. 또한 그런 동료를 나 몰라라 하고 분첩으로 얼굴을 두드리고는 종종걸음으로 사무실 문을 나서는 건 아닌가.

 세상에서 불의가 저질러질 때마다 분노에 떨 수 있다면 우리는 동지다. "우리 모두 리얼리스트가 되자! 그러나 마음속에 불가능한 꿈을 가지자." – 체 게바라(혁명가)

불의를 보면 분연히 일어설 용기,
조금 귀찮고 힘든 일을 두 팔 걷어붙이고 씩씩하게 할 수 있는 에너지,
이미지나 외양보다 일과 능력으로 자신을 맘껏 보여주는 열정,
적당히 속아주면서 뒤를 볼 줄 아는 혜안,
남의 큰 잘못을 흔쾌히 용서하고 덮어줄 수 있는 아량.
마음을 넓게 쓰는 훈련을 하자!

첫인상이 좋은 사람들

외적 이미지 디자인

시대가 급변하고 경쟁이 치열해질수록 경쟁력을 좌우하는 무기들은 아주 사소해진다. '작은 차이'가 그 사소한 틈을 비집고 성패를 결정하는 변수가 되는 것이다. 쉽게 말해서 이미지의 차이 하나가 성패를 좌우할 수도 있는 시대가 된 것이다.

21세기는 3D시대라고 말한다. 3D는 디지털(Digital), 디자인(Design), 유산정보(DNA)인데, 사람의 외적 이미지는 디자인에 해당된다고 할 수 있다. 어떤 상품을 구입할 때 기왕이면 디자인이 좋은 것을 고르듯이, 인간관계에서도 좋은 이미지, 좋은 인상을 가진 사람이 호감도가 높다는

애기다. 상대에게 호감을 주는 이미지를 가지고 있다면 대인관계가 원만해지고, 결국 자신의 삶의 질까지 높아지기 마련이다.

첫인상에서 호감을 주면 앞으로의 만남에 신뢰가 형성되고 영향력이 커지지만, 거부감을 주면 발전에 실패하여 관계가 정지된다. 그럼 무엇이 첫인상을 결정할까? 연구에 따르면, 외모가 80%, 목소리가 13%를 차지하며, 많은 사람들이 중요하다고 믿는 인격은 불과 7%밖에 작용하지 않는 것으로 조사되었다. 어떻게 보면 사회적 만남은 인격과 인격의 만남이 아니라 이미지와 이미지의 만남이라는 것을 잘 보여준다. 한 개인의 이미지는 표정, 헤어스타일, 패션, 자세, 스피치, 매너와 에티켓, 제스처 등에 의해 결정된다.

첫인상을 결정짓는 가장 큰 요소는 얼굴이다. 얼굴은 모든 대인관계의 첫 관문이다. 첫인상이 좋은 사람은 늘 웃는 얼굴이거나 금방이라도 웃을 수 있는 사람들이다. 아무리 아름다운 얼굴, 멋진 옷과 자세로 위용을 드러낸 사람이라도 얼굴이 굳어 있으면 상대에게 결코 좋은 느낌을 전달할 수 없다.

아름다운 미소는 하루아침에 만들어지지 않는다. 여가 시간에 거울 앞에서 입꼬리를 올리고 웃는 연습을 해보라. 이때 양 입꼬리를 올리는 기분으로 "치즈", "개구리 뒷다리" 하고 소리내면 입꼬리 근육을 단련시킬 수 있을 뿐만 아니라 보다 쉽게 자연스러운 미소를 연출할 수 있다.

처음에는 어색하고 힘들 수 있다. 그러나 의식적으로라도 웃어보는 연습이 필요하다. 타인과 눈이 마주칠 때마다, 가족·이웃·동료 등 아는 사람과 마주칠 때마다 무조건 미소를 지어야겠다는 결심을 머릿속에 새겨라. 그러면 얼굴 표정은 자신도 모르는 사이에 좋은 인상으로 변할 것이다.

진심이 담긴 표정

세련된 인사는 한 사람의 품격을 나타내는 중요한 요소이지만 어느 누구에게나 무조건 열심히 인사한다고 좋은 것은 아니다. 인사를 제대로 잘할 때 값어치가 있다. 표정 없이 하는 기계적인 인사는 오히려 상대에게 부담만 줄 뿐이다. 정중한 인사를 한답시고 허리를 지나치게 많이 숙이면 비굴해 보이기 십상이며 촌스러울 수 있다.

인사는 정중하게 하되 세련되게 해야 하며, 무엇보다 진심을 담아서 해야 한다. 타인과 눈이 마주치는 순간, 미소 띤 얼굴로 "안녕하세요?" 하고 밝은 목소리로 인사해 보라. 진심이 담겨 있을 땐 타인은 물론이고 내 기분부터 상쾌해진다.

세련되고 친근감 있는 대화는 상대의 눈과 마주친 상태에서 미소 띤 얼굴과 맑고 밝은 목소리로 이루어진다. 또한 상대방의 목소리 톤에 내

 사소한 일들을 소홀히 하면 엉망진창이 되지만, 사소한 일들만 잘 챙겨도 아름다움은 창조된다. – 작자 미상

목소리 톤을 맞춘다. 즉 목소리가 큰 상대에게는 다소 큰 목소리로 말하고, 목소리의 톤이 낮으면 다소 낮은 목소리 톤으로 말하는 것이 세련된 응대 기술이다. 무엇보다도 상대의 스타일을 파악하여 그에 대응할 수 있는 능력이야말로 큰 자산이 아닐 수 없다.

현대는 이미지로 승부하는 시대다. 자신의 부가가치를 최고로 높이고 싶다면 자기만의 고유한 이미지를 구축해야 한다. 제아무리 업무 실력이 뛰어나다 할지라도 사회가 요구하는 전략적 이미지, 즉 자신의 직위에 걸맞은 이미지를 연출하지 못하면 자신도 모르는 사이에 조직에서 밀려나게 된다.

이미지 메이킹은 정치인이나 연예인 같은 특정인들만 하는 것이 아니다. 개성이 존중되는 시대에 삶의 질을 추구하는 현대인 모두에게 필요한 기술이다. 외적 이미지의 개선은 자신감을 키우는 중요한 열쇠가 된다. 그러나 결국 외적인 이미지의 개선도 내적인 동기가 진실하게 터져나올 때 빛을 발한다는 것을 잊으면 안 된다.

보기와는 다른 매력

K선배의 두 얼굴

J는 화장품회사 기획실에 근무한다. 그런데 그녀는 요즘 회사에서 K 선배를 보는 일이 적잖은 즐거움이다. K선배는 말수가 적고 수수한 옷차림에 조용해서 있는 듯 마는 듯한 사람이라 입사한 지 3개월이 되도록 J의 눈에 들어오지 않았던 사람이다. 사적으로 자기가 필요한 말을 할 때도 누군가 물어오는 말대답도 다소 어눌하게 머뭇거렸다.

그런데 어느 날 K선배가 자신이 오랫동안 준비한 프로젝트를 브리핑하게 되었다. 놀라운 사실은 K선배가 전혀 다른 사람이 되어버린 것 같았다는 점이다. 말은 전혀 어눌하지 않았고, 낮으나 작지 않은 목소리에

자신감과 신념이 배어 있었으며, 눈은 조용하나 뜨거운 열정으로 가득 찼다. 당당하게 편 어깨는 키를 한 뼘쯤 더 커 보이게 했고, 금방 이 일을 맡겨도 아무 문제없이 너끈히 해낼 수 있을 것처럼 보였다. 신입사원이었던 J의 놀라움은 너무나 컸다. 도저히 같은 사람으로 보이지 않았기 때문이다. 그래서 가장 가까운 입사 1년차 선배에게 물었더니 그 선배는 별로 놀랍지 않다는 투로 말했다.

"그게 K선배의 매력이자 카리스마야. 사적인 문제에선 아주 내성적이고 부끄럼을 많이 타는데, 공적인 일을 추진할 때는 자신감이 있고 사람들을 이끄는 데 프로니까. 사적으로 겸손하고 조용하다고 해서 사람을 어렵게 만들거나 차갑게 대하는 건 아니지. 신입들은 K선배에 대해 안 놀라는 사람이 없어."

J는 그날 이후 K선배의 팬이 되어 열심히 선배의 일거수일투족을 관찰하고 모델로 삼아 나갔다. K선배는 이중인격자라기보다 무척 매력적인 사람이었다. 보기와는 딴판인 사람이지만 보통 때의 모습보다 목적이 있는 일에서 더욱 열정과 진심이 보이는 사람이었다.

사람들은 의외성에서 매력을 찾는다. 뻔한 것보다 생각 밖의, 예상 밖의 언행에 놀라워하고 충격적으로 받아들인다. 괴짜나 돌연변이가 흔치 않지만 그런 사람들이 강한 매력으로 사람을 이끄는 것도 비슷한 이유 때문일 것이다. 남들과 똑같아지려는 노력보다는 남과 다른 의외성이 조금 더 매력적인 사람이 되는 조건이 되는 것이다.

다른 것끼리 만나면

세상은 즐길 것도 많고 볼 것도 많다. 하지만 의외로 그런 일에 담 쌓고 무취미한 사람들도 많다. 재미있는 것도, 해보고 싶은 일도, 가보고 싶은 곳도 없는 아주 재미없는 사람. 이런 사람에게 생동감이나 활력을 기대하기 어려운 것은 당연하다. 그러므로 현재 내 일이 그렇게 만족스럽지 못하고 원하는 일이 아니었다 할지라도 취미생활만큼은 확실히 내가 원하는 것을 하고, 그걸 즐기며 생활의 활기를 찾는 게 좋다.

여배우 김현주의 취미는 바느질이다. 〈현주의 손으로 짓는 이야기〉라는 책을 냈을 정도로 그녀의 바느질 취미는 오래되었다. 일이나 생활이 불규칙하게 돌아가는 여배우의 취미치고는 아주 정적이고 단조로운 평화가 느껴진다. 여행 가는 비행기 안에서도 부스럭부스럭 천 조각을 펴놓고 안경까지 꺼내 쓰고 바느질을 했다는 대목에서는 사랑스럽게 느껴질 정도였다. 김현주에게 바느질은 취미가 아닌 휴식의 의미가 크지만 어쨌든 그녀의 직업과 취미는 아주 판이한 성질을 가지고 있으면서도 그녀의 매력을 한껏 살려준다.

얌전해 보일 것 같은 사람이 위험한 스포츠를 즐긴다든가, 덜렁덜렁

'보다 현명하게 일하기'는 물건을 생산하고 운반하는 육체노동의 생산성을 향상시키는 데 하나의 열쇠이다. 그러나 지식노동의 생산성을 향상시키는 데는 '유일한' 열쇠이다. – 피터 드러커(경영학 구루)

하고 평소에 실수도 많은 사람이 미니어처나 모형 만들기에 푹 빠져 있는 모습을 보면 신선한 충격이다. 매력은 이렇게 다른 성질의 것끼리 만나서 만들어지는 화합물이다. 일부러 억지로 끼워 맞출 필요는 없지만, 내가 해오던 방식이나 스타일, 패턴에서 벗어나 나답지 않은 것, 나와 어울리지 않을 것 같다고 생각한 것들을 찾아보자. 나에게 또 다른 색을 입혀보는 것이 매력적인 나를 만드는 또 하나의 비결이 될 것이다.

밋밋함을 거부한다

나 홀로 호텔방에

일주일에 한 번씩 자신에게 즐거움을 선사하는 사람이 있다. R은 일주일에 하루 정도 자신에게 즐거움을 선물하는, 튀는 하루를 만들었다. 때에 따라서는 하루가 1박 2일로 이어지기도 한다. 그녀가 출근할 때 큼직한 종이백을 들고 오는 날이면 회사 사람들은 그녀의 특별한 날이 오늘이라고 알아챘다. R의 종이백엔 무엇이 들어 있을까?

주로 '의상'이다. 클럽이나 바에 어울리는 아주 특별하고도 매혹적인 옷, 암벽을 탈 때 어울리는 신축성 좋은 옷 등을 종이백에 넣고 출근하는 날은 그녀의 즐거운 외출을 예고하는 날이다. 회사 동료들은 처음에는

혼자만 즐기는 것을 원칙으로 하는 그녀를 호기심 어린 얼굴로 보기만 하다가 차츰 그녀에게 협박 반, 부탁 반 하여 여러 차례 따라나선 적도 있다. 암벽타기, 살사댄스, 볼링 카페 등등.

그녀를 따라나섰던 동료들은 다음날 피곤한 얼굴과 몸으로 파김치가 되어 출근하지만 R은 반대로 더욱 생기가 넘친다. 그녀가 이런 별난 하루를 보내는 이유가 바로 여기에 있다. R은 특별한 하루를 보내고 나면 휴식을 취한 사람보다 더 생기가 있고, 일에 대한 집중력과 능률이 더욱 높았다. 컨디션도 좋아 누가 어떤 부탁을 해도 좀체 거절하지 않는다. 사람들은 그녀를 너무 좋아하고 그녀는 때때로 애교스런 부탁을 스스럼없이 하기도 한다.

집안에 식구가 많아 조용할 날이 없는 R은 주말과 휴일에는 호텔 패키지 상품을 이용하기도 한다. 호텔방에서 마냥 자거나 책을 읽다가 자다가 먹다가 하면서 하루를 보낼 때도 있다. 다소 비용이 들긴 하지만 굳이 먼 휴양지를 찾지 않아도 가까운 곳에서 완전히 자신을 쉬게 해주는 프로그램으론 그만이기 때문이다. 그녀의 호텔방 투숙은 사내에서 잠깐 구설에 오른 적도 있었지만 괜한 소문 같은 건 그다지 신경 쓰지 않는 대범함도 R의 특징이다.

R은 어떤 경우라도 자신을 위한 이벤트를 접을 생각이 없다. 독특하고 적극적인 방법으로 자기를 위해 노는 일이 그녀에겐 취미일 뿐만 아

니라 휴식이기 때문이다. 그것을 통해 더욱 힘차고 재미있게 일을 즐기며 할 수 있는 여유를 찾았고, 남들의 부탁까지 신이 나서 들어주는 스폰서가 되었다. 이제 뭘 더 바랄 것인가.

단조로운 삶이 위기를 부른다

사람들은 한 가지 일을 그것도 반복적으로 오래하는 일에 곧 싫증을 느끼면서도, 날마다 그렇고 그런 날, 어제와 비슷한 오늘은 잘도 보낸다. 지겨운 줄도 모르고 변화를 주겠다는 의식 없이 '사는 게 그런 거지 뭐.' 하면서 자의 반 타의 반 위로하며 지낸다. 초보 연주자가 악보에 그려진 음표를 성실하게 연주하는 일은 쉬운데 색다르게 변주하고 편곡하는 일은 서투른 것처럼 말이다.

성실함이 자기 재산의 모든 것이라고 말해도 별로 감동하지 않는 시대에 우리는 살고 있다. 성실도 중요하지만 지금은 얼마나 남과 다른가, 얼마나 차이가 있는가, 내가 남과 어떻게 구별되는가가 중요한 척도로 작용한다. 독특함과 스페셜한 그 무엇도 없이 그저 무난함과 어지간함만 잔뜩 배어 있는 매너리즘이 곧 나를 위기에 몰아넣을 수 있다.

살아가는 힘은 사실 큰 게 아니다. 늘 그렇고 그런 나날 속에서 조금은 튀는 하루를 만들어 삶을 변주하는 것이야말로 나를 활기차게 만드는

 사랑은 벽돌 같은 것이다. 당신은 그 벽돌로 집을 지을 수도 있고 무덤을 만들 수도 있다. – 레이디 가가(가수)

원동력이 된다. '죽지 못해 산다.' 하는 표정으로 하루하루 근근이 견디고 지탱하는 모습은 성공을 향해 가는 사람에게 어울리지 않는 옷이다.

성공하고 싶다면 자기 생활에 자주 변화를 주자. 조금은 튀어 보인다고 해도 지속력을 가지고 추진해 나가도록 하자. 익숙하고 단조로운 삶이 어느 날부터 편해지기 시작했다면 젊음의 도전정신이 식었다는 증거다.

'이 정도 삶이면 성공했다.' 하는 그날까지 변화와 튀는 행보는 계속되어야 한다.

나를 보여주는 라이프스타일

스타일과 안목을 보여주는 '선물'

오래 쓰던 물건이 새 물건보다 더 좋을 때가 있다. 새것을 사두고도 낡아빠진 물건만 계속 쓰게 되는 경우가 누구에게나 한 번쯤은 있을 것이다. 그 낡은 물건엔 추억이 있고 이야기가 있고 애정이 묻어 있기 때문이다. 말하는 품이며 몸가짐이 깔끔하고 단정해 고향의 '누이' 같은 느낌으로 다가오는 음악인이자 방송인인 노영심. 주변 사람들은 예전부터 그녀를 '선물소녀'라고 불렀을 정도로 선물하기를 좋아한다고 한다. 방송 전 큐사인이 나올 때까지 기다려야 하는 그 짬에, 약속시간이 지났는데도 만나야 할 사람이 오지 않을 때, 일기나 편지 쓰듯이 선물을 만들고 포장한단다.

〈노영심의 선물〉이라는 책을 보며 상상했던 것보다 훨씬 많은 것을 '선물'할 수 있다는 것을 알게 되었다. 군용철제 포탄상자에 반창고, 붕대, 일회용 밴드와 소독약, 소화제, 지사제, 작은 가위와 껌 한 통까지 넣어서 여행을 좋아하는 선배부부에게 선물한 적도 있고, 선물 잘하는 사람한테는 포장지를 포장해서 주고, 혼자서 머리 다듬기를 잘하는 친구에게는 남대문시장에서 산 가위 세트를, 오랜만에 만나는 친구에게는 그간 자신의 사연을 달력에 적어 보낸다. 다시 만날 수 있는 날짜까지 적어서….

선물은 사람에게 다가가는 방법이다. 그만큼 그 사람과 나 사이에 있는 끈을 놓지 않겠다는 표시이기도 하다. 사람과 사람 사이에 놓인 아름다운 끈, 그걸 더 가깝게, 더 튼튼하게 하는 것이 바로 선물하는 일이다. 선물은 그렇게 자신의 스타일과 안목을 보여줄 수 있는 좋은 도구다. 노영심의 스타일은 음악뿐만 아니라 그녀가 하는 선물, 그녀가 만나는 사람들에게서도 드러난다. 생활은 그 사람의 라이프스타일을 그대로 보여주니까.

나를 들여다보면 부족한 것이 보인다

한 사람의 스타일은 '맞춤식'이 되기 힘들다. 옷을 멋지게 입는 일이든, 좋아하는 음식에 대한 취향이든, 즐기는 문화생활의 형식이든 억지로 끼워 맞춘다고 되는 일이 아니라는 의미다. 좋은 옷이나 값비싼 옷으로 모처럼 색다른 스타일을 내보겠다고 한들, 매번 입어온 스타일보다 편할 수 없다. 늘 끝이 동그랗고 납작한 구두를 즐겨 신는 여자가 럭셔리한 뾰족 하이힐을 신는다 한들 하루아침에 고급스럽고 부티나는 분위기로 바뀌는 것은 아니다.

꾸미기 나름이라지만 스타일은 외면과 내면이 조화롭게 어울릴 때 비로소 매력이 된다. 아무리 고급스러운 치장을 해도 입에서 늘 거친 비어나 속어가 섞여 나온다면? 옷은 청순하고 순수한 소녀 같은 스타일로 입었는데, 늘 질투심과 열등감에 사로잡혀 자기보다 나은 사람을 어떻게든 찍어누르고 싶은 오기만 가득차 있다면?

따뜻하고 인간적인 사람, 나보다는 타인에 대한 배려가 몸에 배어 있는 사람, 앞에서 나설 때와 뒤에서 묵묵히 해야 할 때를 잘 아는 사람, 무얼 하나 해도 이제껏 해온 방법이 아닌 자기만의 색깔을 조금이라도 입힐 줄 아는 사람. 생각만 해도 이런 사람이 근사한 걸 누구나 알지만 이런 스타일을 가진 사람이 되려면 부단한 노력이 필요하다.

사실 이런 노력을 한두 번 기울이는 정도로는 억지로 꾸미는 두꺼운 화장 같기만 하다. 그러나 오랜 시간 동안 꾸준히 노력하면 어느새 몸에 배게 된다. 처음엔 억지로 해보았지만, 어느 순간 내 것이 되어버리는 것이다. 이것이 진짜다.

 잡동사니가 쌓여 있다면 당신의 삶에 분명 문제가 있다. – 제니퍼 베리(정리 전문가)

눈에 보이는 것들로만 나를 꾸미는 일을 잠시 접어두자. 눈에 보이지
는 않지만 어느 순간엔 드러날 수 있는, 눈에 보이지 않는 재료로 속을
채우자. 그러려면 나를 가만히 놓아두는 일이 필요하다. 나를 들여다보
고 내게 부족한 것이 무엇인지를 알아야 하기 때문이다. 우리는 너무 많
은 사람들과 어울리고 함께하는 시간이 많아 나를 돌아볼 시간이 없다.

하루 중 나를 홀로 두는 시간을 꼭 만들자.

나를 도와주세요

말은 힘들어도 글은 쉽다

D는 서넛 이상 모인 자리에서 자신의 생각을 말하는 것을 무척 힘들어했다. 잘 아는 친한 친구들끼리는 문제가 없지만, 모르는 사람들이나 어른들 앞에서는 낯가림이 심한 성격 탓이다. 할 말은 끊임없이 머릿속에서 맴돌지만 도무지 입 밖으로 말이 나오지 않으니 무엇보다 그녀 자신이 답답하고 속이 상했다.

대학을 졸업하고 사회생활을 하기 전 자신의 성격 때문에 걱정이 많았던 D는 그래도 요즘은 행복하다. 처음 직장생활을 시작할 때는 어려움이 이만저만이 아니었다. 면접에서 번번이 떨어진 끝에 겨우 입사한

회사에서 적응하기 위해 죽기 살기로 고군분투의 노력을 기울였다. D는 입사한 지 며칠이 지난 후 손으로 직접 쓴 편지를 부서 사람들에게 전했다. 자신의 성격 중 고쳐야 할 1순위가 무엇인지, 그로 인한 여러 가지 어려운 점이 있다는 점을 밝히고, 노력하고 있으니 당분간 이렇게 편지로 마음을 전하더라도 이해해 주십사 하는 내용이었다. 그리고 자신의 메일 주소를 첨부하며 받는 사람의 주소도 알기를 청했다.

그후 D는 직장 적응기간 동안 공적인 회의시간은 어쩔 수 없다 하더라도 나머지 시간은 동료들과 메일로 의견을 나누고 일을 진행했다. 메일 도입부에는 늘 상쾌하거나 따뜻하거나 특별한 인사말을 빠뜨리지 않았고, 업무와 관련해서는 간단명료하게 요점만 썼다. 때로는 그냥 짧게 안부편지를 보내기도 했다.

말로는 어려워도 편지를 쓰는 일엔 천부적이라고 할 만큼 사람의 마음을 당기는 재주가 있는 그녀였다. 서서히 직장에 적응도 되어가고 이젠 메일을 전하지 않아도 될 만큼 사람들과 친해졌는데도 사람들은 D의 편지를 기다렸다.

"D, 왜 요즘 연애편지 안 보내줘요? 나 눈 빠지겠어."

"출근해서 D가 보낸 메일 있나 확인하는 게 큰 낙이었는데. 나한테도 보내줘."

"에이, D한테 심한 낯가림 그냥 계속되었으면 좋겠다. 만날 편지 받아보게…."

　동료들의 이런 애교 어린 투정은 D를 서서히 바꾸어놓았다. 자신감이 생기고 낯선 사람과 쉽게 말할 수 있을 것 같은 기분이 들었다. 무엇이든 할 수 있을 것 같았고 출근하는 일이 즐거웠다. D는 오늘도 부서 직원 전체에게 재미있는 편지를 보내놓고 잠들었다.

솔직함이 장점이다

　D와는 반대로 말이 많은 사람 C도 있다. 그녀는 자신이 말하는 걸 즐겨하고 말을 하기 시작하면 할 말이 계속 떠올라서 어느 지점에서 말을 그쳐야 할 줄 모를 정도로 말하기를 즐긴다. 그야말로 속사포로 계속 말하다 보니 다른 사람이 끼어들 틈이 없다. 한번은 친한 친구에게서 "제발 말 좀 줄이고 남의 표정도 살펴가면서 템포를 조절해라."는 뼈아픈 조언을 듣기도 했다.

　그후 고쳐보려고 여러 차례 노력했으나 습관이 쉬 고쳐지지 않았다. 그래서 C는 민망함을 무릅쓰고 사람들에게 "제가 말을 아껴 하는 걸 잘 못합니다. 그러니 제가 말을 조절하지 못하고 많이 한다 싶을 때 꼭 브레이크를 걸어주세요. 전혀 기분 나쁘지 않을 것이며 감사히 생각하겠습니다. 저는 정말 이 점을 고쳐야 합니다." 하고 솔직하게 털어놓고 이야

'누구보다 더 낫기를' 바라는 욕망이 그저 단순하게 더 나아지고 싶은 욕망을 질식시켜 버린다. 스스로에게 잘못된 질문을 던지면 잘못된 결론에 도달할 수밖에 없다. - 줄리아 카메론(작가)

기를 시작했다. C는 부탁 받은 사람들에게 몇 차례 지적을 당하면서 말의 수위를 조절할 수 있게 되었다.

사람에게는 누구나 단점이 있다. 그 단점을 잘 알고 고쳐보려고 노력해 보지만 잘 안 되는 경우가 더 많다. 이럴 때는 솔직하게 자신의 단점을 드러내는 것이 장점으로 바꿀 수 있는 좋은 기회다. 남이 보고 자꾸 일깨워 고쳐줄 수도 있고, 자기 스스로 의식하며 고칠 수도 있다. 고치기 어려운 일일수록 솔직하게 털어놓아 보라.

솔직함은 긍정적인 이미지를 낳는다. 이것은 하나의 기술이다. 잘못된 제품을 회수해서 다시 고치는 기업의 '리콜제'가 그 기업의 이미지를 더욱 신뢰감 있게 만드는 것과 같다. 잘못된 점을 인정하고 시정하도록 노력하는 한, 단점이 단점에 머물지 않는다는 이치다.

패션은 전략이다

상황에 맞는 절제된 아름다움

절제된 액세서리 활용이 인상적인 힐러리 클린턴, 대전차포 위에서 스카프를 휘날리던 마거릿 대처 전 영국총리, 세련된 패션스타일로 관심을 끈 에디트 크레송 전 프랑스 총리, 전통복장을 한 전 아로요 필리핀 대통령, 브로치로 정치적 메시지를 전했던 올브라이트 전 미 국무장관, 세계 패션업계의 아이콘이 된 미셸 오바마. 누가 더 아름답고 패션감각이 있는지 쉽사리 가늠하기는 어렵다.

세계 권력의 중심에 선 여성들의 모습은 아름답다. 남성 못지않은 능력과 스타일로 모든 여성들의 꿈이 되는 그녀들은 어디를 가나 뉴스의 대상이다.

굵직굵직한 세계사의 주역들로 자리매김한 성공한 여성들의 패션은 어떠할까. 뉴스나 사진을 통해 본 그들은 바쁘고 긴박한 일정 속에서도 자신만의 스타일을 찾아내는 일에 게으르지 않음을 잘 알 수 있다.

예전에 커리어우먼의 패션은 남성과 비슷한 옷으로 사회에서의 지위 향상을 꾀했다. 넥타이를 한 여성들을 보는 일이 그다지 어렵지 않았던 것이다. 그러나 1990년대에 들어 남성들과 똑같아질 필요가 없다는 인식이 확산되면서 본래의 여성성을 자연스럽게 표출하자는 주장들이 힘을 얻기 시작했다.

일반적으로 직장여성 패션의 가장 큰 미덕은 절제이다. 톡톡 튀고 싶은 기분으로 개성을 맘껏 살려 입는 것도 좋지만 TPO(Time, Place, Occasion)에 따라 겸손하고 깔끔한 이미지를 만드는 것이 가장 많은 점수를 딸 수 있는 차림새다. 지나친 노출과 정신없는 액세서리, 현란한 색상은 잠시잠깐 동료들의 주위를 환기시키고 기분전환을 하는 데는 도움을 줄지 모르지만, 결코 일하는 사람으로서 제대로 된 자세라고 봐주지 않는다는 말이다.

그러나 주말이나 야유회, 단합대회 같은 특별한 날까지 지나치게 절제된 차림을 하는 것도 패션지수 빵점이다. 그런 시간은 자신의 개성과 스타일을 잘 보여줄 수 있는 절호의 기회다. 부드럽고 따뜻하고 활동적

인 느낌이 나는 옷을 입을 수 있어야 한다. 여전히 하이힐에 몸에 딱 맞는 정장 스타일이라면 얼마나 숨막히겠는가. 그건 또 다른 촌스러움이기도 하다.

고급스러운 기본에 변화를 꾀하라

많은 직장여성의 한결같은 고민은 옷장을 열면 도무지 입을 옷이 없다는 것이다. 옷을 꾸준히 사들이는 것 같은데 입을 옷이 없다? 그것은 패션을 적절하게 코디하는 데 실패했다는 증거다. 옷 몇 벌로도 얼마든지 여러 벌의 옷을 가지고 입는 듯한 효과를 내는 사람들이 있는데 말이다.

직장여성은 우선 패션의 기본을 잘 갖추는 게 중요하다. 기본 아이템으로 바지나 스커트 정장을 계절별·유행 컬러별로, 그러나 단순하고 기본적인 스타일을 두세 벌 준비해 두고, 그 안에 입는 이너웨어나 액세서리 소품 등에 변화를 주면서 멋을 낸다면 패션리더로서 손색이 없다. 대부분의 여성들은 한 벌의 괜찮은 옷보다 가짓수에 신경을 많이 쓰는 경향이 있다. 매일매일 새로운 분위기를 내는 것도 좋지만 품질이 떨어지는 옷을 구입하면 색상과 디자인에 변형이 생겨 오래 입지 못하는 경우가 많다. 차라리 제품의 질이 떨어지는 세 벌의 옷보다 옷감과 바느질이 좋은 한 벌의 옷을 구입하는 것이 좋다.

　최소의 시간과 노력으로 최대의 패션 전략 효과를 바란다면 패션에 대해 배우는 자세도 필요하다. 홍대 앞이나 청담동 가로수길처럼 패션을 선도하는 거리를 거닐며 멋쟁이들의 패션을 벤치마킹하자. 결코 화려하지도 치렁치렁하거나 복잡하지도 않으면서 세련되고 멋있는 사람들을 많이 봐두는 것도 중요하다.

　진정 멋쟁이가 되고 싶다면 최신 유행을 받아들이되 나의 개성과 잘 접목시켜 스스로를 돋보이게 연출해야 한다. 패션 분위기에 맞는 엷은 화장, 자연스러운 헤어스타일, 부드러운 얼굴 표정, 교양 있는 말씨, 절제된 제스처, 조용한 몸짓도 필요하다. 멋지게 돋보이는 나를 이미지화하는 것은 매우 중요한 일이다.

이미지 관리는 훈련이 필요하다

아름다운 내면을 드러내는 일

이미지가 곧 경쟁력으로 통하는 시대다. 과거에는 '이미지 메이킹'이 정치인이나 연예인들의 전유물로 여겨졌지만, 이제는 기업이나 개인도 가치를 높이기 위해 고유한 이미지를 만들어가는 것이 중요하게 여겨지고 있다.

상대에게 호감을 주는 이미지를 만드는 것은 사회생활에서 자신의 전문지식만큼이나 중요하다. 이제는 개인의 가치를 극대화하는 이미지 관리에 관심을 가지는 일이 성공의 필수조건이 되었다. 그래서인지 개인 컨설턴트나 이미지 메이킹 전문기관이 성행하고, 대학의 관련 교양 강좌도 수강생들로 북적인다.

이미지 컨설턴트들이 한결같이 입을 모아 강조하는 부분은 무엇일까. 그것은 가장 자연스러운 모습으로 사람의 마음을 움직일 수 있는 표정과 제스처를 기르라는 것이다. 아무리 명품 브랜드 옷을 차려입고 세련된 헤어스타일이라 할지라도 언제나 뚱한 표정으로 있거나 우울한 얼굴로 사람들을 대한다면 외적 이미지를 위한 모든 노력은 물거품이 될 수 있다.

다른 사람에게 불쾌함을 주지 않기 위한 모든 행동과 자세, 표정이 이미지 관리에 포함된다. 자신의 단점을 감추고 개성을 외면으로 표출하기 위한 모든 노력이 이에 속한다. 취업 준비생들이 면접시험에 대비해 이미지 관리를 시작한 것은 IMF 직후부터인데, 기업이 선호하는 이미지를 갖는 것이 취업난에 경쟁력을 높이는 중요한 전략이 되었기 때문이다.

예상 질문에 대한 적절한 답변 요령도 필요하지만, 자신에게 어울리는 컬러와 의상 선택, 호감을 줄 수 있는 미소와 말씨, 에티켓 등도 그에 못지않게 중요하다. 사람의 마음을 움직일 수 있는 표정과 몸짓은 무엇인지, 어떤 의상을 입는 것이 유리한지 등등 목적과 처한 상황을 고려한 전략적 이미지 관리가 갈수록 확산되고 있다.

이미지 관리는 말 그대로 호감을 주는 최상의 이미지를 추구하는 것이다. 나는 말할 때 어떤 습관이 있을까, 어떤 표정일까, 목소리는 안정

감이 있는가, 말하는 속도는 어떤가, 말투나 용어 선택은 적절한가. 오늘부터라도 이런 것을 점검해 보자. 이것이 이미지 관리의 시작이다.

전문가의 도움을 받아라

이미지 관리는 성형수술이 아니다. 갑자기 외양을 확 바꾸는 게 아니라 의식부터 차츰 변화시켜 내면의 아름다움이 밖으로 드러나야 한다. 아무리 외모가 변해도 의식이 변하지 않으면 이미지 향상은 결국 실패하기 때문이다. 내면의 자신감을 외양으로 자연스럽게 표출하는 것이 이미지 업그레이드의 관건이다.

앞에서도 말했지만 우선 본인이 가진 이미지의 문제점이 무엇인지 찾아보려는 노력이 필요하다. 그리고 바꿔나갈 방향을 찾아야 한다. 스스로 방향을 찾기도 어렵고 개선시킬 자신도 없다면 이미지 컨설턴트를 찾아가는 것도 한 방법이다. 이미지 컨설팅 기관은 개인의 이미지를 보다 객관적으로 진단해 변화 방향을 제시해 주기 때문이다. 이미지를 개선하는 방향은 잡았지만 구체적으로 어떻게 해야 할지 모를 때라도 좋다.

이미지 메이킹을 전문으로 하는 기관은 현재의 이미지 스타일과 추구하는 이미지 모델을 비교해 최상의 이미지를 이끌어내기 위해 방향을 설정하고, 표정과 매너, 듣기 좋은 음성과 교양 있는 말투를 익히는 스피치 훈련 등을 실시한다. 기관에 따라 차이가 있으나 보통 3~4회 집중 강습을 통해 감각적인 이미지 스타일을 개발시켜 준다.

회사원 L은 그녀를 바라보는 직장동료나 상사들의 시선이 곱지 않은 이유를 몰라 늘 고민하다가 이미지 컨설팅업체를 방문한 후 표정이 몰라보게 밝아졌다. 얼굴도 예쁘장하고 옷도 나름대로 잘 입는 그녀의 문제는 골이 난 것 같은 뚱한 표정 때문이었다. L은 전문가로부터 밝은 미소를 짓는 훈련을 받았다. 밝아진 그녀를 보는 동료들의 시선이 달라진 것은 물론이고 L 자신 역시 회사생활이 너무나 즐거워졌다.

이미지는 결국 내 안에서 퍼내는 것이라는 점, 밖으로부터 끌어오는 것은 그 다음 일이라는 사실을 깊이 인식하자.

인간은 도전하기 때문에 살아 숨쉬는 것이다. - 다카하시 이와오(일본 최고령 스키어)

팀

나는 이렇게 다르다

감정을 자유롭게 표현하기 힘들다면 그대로 두어라.
요즘같이 서로 할 말이 많고, 자기 주장의 목소리가 드높은 사회에서
말을 적게 한다는 것은 장점이 될 수 있다.
말을 할 때 자신의 생각을 정확히 표현하는 것도 중요하지만
그것 못지않게 중요한 것은 상대의 말을 정확히 듣는 것이다.

즐거움은 최고의 경쟁력

보물찾기는 계속된다

대다수 직장인들은 자신이 잘하는 게 무엇인지 모르는 경우가 많다. 잘하는 게 뭐냐고 묻는다면 아마도 특별히 잘하는 게 없다고 하든가, 뭔지 모르겠다는 부정적인 대답이 나오기 십상이다. 안타까운 일이지만 자기에게 주어진 '재능'을 발견하지 못하고 오랜 시간 다른 일로 시간을 허비하거나 자신과 맞지 않는 일을 하며 갖은 스트레스를 견디는 사람도 있을 것이다.

조물주는 우리에게 태어나서 해야 할 일을 주었다. 다만 그것을 너무도 깊은 곳에 묻어두었기 때문에 대부분 그것이 무엇인지 쉽게 찾아내지 못한다. 인생은 그것을 찾아내어 실현하는 과정인데 많은 이들이 그것을 찾아내는 데 어려움을 겪는다. 마치 어린 시절 소풍 가서 했던 보물찾기처럼 많은 사람들이 보물을 찾지는 못하는 것이다. 어떤 사람은 재빨리 보물을 찾고 어떤 사람은 보물찾기 시간이 다 끝나도 자신의 보물을 찾지 못한다. 찾지 못한 사람들은 자신의 ‘운 없음’을 한탄할 뿐이다.

자신을 찾아내는 데 성공한 사람들은 이구동성으로 스스로를 신의 보물이라고 말한다. 스스로의 타고난 기질, 타고난 취향, 타고난 재능이야말로 찬란하고 진귀한 보물임을 깨달은 것이다. 그런데 많은 사람들이 그것을 찾기 어려운 이유는 ‘자신이 별 볼 일 없다고 느끼는 초라하고 낡은 포장지’에 싸여 있다고 생각하기 때문이다.

누구든 자신을 들여다보기 시작하면 자신의 장점보다 자신의 단점이나 무능, 의외로 약한 마음 같은 것들이 크게 확대돼 보인다. 그러나 그 속에서 실망하고 분노하고 울며 지내다가도 그 실망스러움과 무능의 벽을 뚫고 나오는 순간이 있다. 마침내 자신의 내면에서 빛과 힘을 길러낼 수 있는 샘을 발견하는 것이다. 그 빛과 힘의 샘이 ‘재능’이다. 세상의 수많은 위인들도 한때는 자신에게서 솟구치는 빛을 발견하지 못했던 시절이 분명히 있었다. 그러나 어느 날 자신의 재능을 찾음으로써 진정한 자신이 되어 더욱 위대해진 것이다.

무엇보다 실망하지 않는 자세가 중요하다. 조물주의 선물인 ‘재능’이

없는 사람은 없다. 당신이 아직 찾지 못했을 뿐. 소풍이 끝나도 보물찾기는 계속된다. 이제껏 한 번도 보물을 찾아본 적이 없는 사람이라도 주어진 시간은 아직 많다. 그리고 내 몫의 보물은 언제나 거기 그 자리에 그대로 있다.

'장점' 보다 '강점' 에 집중하자

"나는 요리를 잘하지 못하지만, 요리할 때가 제일 즐겁고 행복해요."

이것은 나의 장점일까, 강점일까? 강점이다. 요리를 잘하는 것은 '장점' 이지만 요리를 즐기는 것은 '강점' 이다. 물론 장점이든 강점이든 '재능' 과 가까운 친구라고 할 수 있지만, 강점을 기르는 일에 더 승산이 있다고 할 수 있다. 자신이 즐거워서 하는 일, 좋아서 하는 일만큼 더 큰 '경쟁력' 은 없기 때문이다.

요리가 즐겁다면 요리를 더 배우고 싶은 마음이 드는 게 당연할 것이다. 그렇다면 자신이 항상 하고 싶어 하던 요리공부를 바로 지금 시작해도 늦지 않다. 그냥 마음먹고 시작하면 된다. 장대높이뛰기를 배우기는 너무 늦었을지 모르지만 그것은 하나의 예외에 불과하다. 내 힘의 한계를 넓혀보는 일이 중요하다. 조리사 시험을 준비한다든지, 각종 음식박람회나 품평회에 참석한다든지, 저명한 요리사의 강의를 듣고, 스스로 요리사가 되었다고 상상하며 강의를 할 수 있도록 노력해 보라. 무궁무진한 창작의 세계이고 예술의 영역인 요리를 배우고 일하는 동안 해도 해도 질리지 않고 즐겁기만 하다면 요리야말로 내가 가장 집중할 수 있는 주제가 아닐까?

누가 힘을 실어주지 않아도 스스로 신명이 나서 내 힘으로 저절로 갈 수 있는 엔진이 바로 내가 계발해야 할 '재능' 이다. 나의 강점을 찾아 자꾸 예쁘다고, 잘한다고, 격려해 주라.

지구는 여자의 손으로 넘어갔다. – 최동훈 (영화감독)

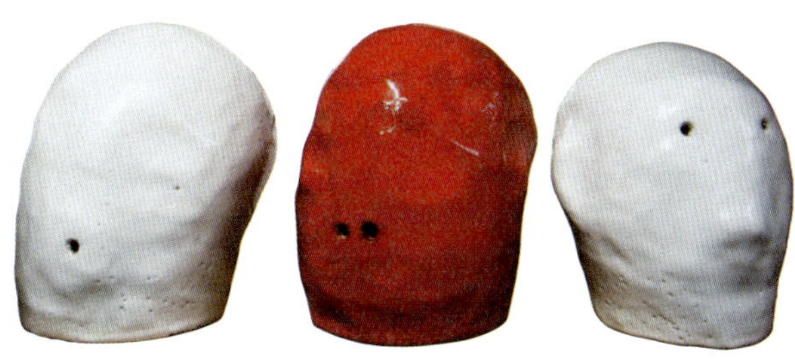

조물주의 선물인 '재능' 이 없는 사람은 없다.
당신이 아직 찾지 못했을 뿐,
소풍이 끝나도 보물찾기는 계속된다.
내 몫의 보물은 언제나 거기 그 자리에 있다.

유머는 행운의 열쇠다

유머는 만병통치약?

요즘은 유머감각이 없으면 인기가 없다. 썰렁한 유머라도 하는 사람과, 진지하기만 하고 유머라고는 손톱만큼도 없는 사람과는 큰 차이가 있다. 유머는 삶에 대한 자세와 사물에 대한 애정의 척도를 보여주는 것이기 때문이다.

수년 동안 각종 어린이 대상 온라인 설문조사 결과, 어린이들 절반 가까이가 재미있고 유머감각이 풍부한 선생님과 같이 공부를 하고 싶다고 대답했다. 유머를 적절히 섞어 강의를 하는 학원 선생은 예나 지금이나 인기가 많다. 어른이고 어린이고 유머러스한 사람이 인기 있는 게 대세

다. 그렇다면 나는 주위 사람들에게 웃음을 주고 있을까? 아니면, 웃음을 주려고 노력하는가? 만약 웃음에 인색하다면 연습을 해본다. 왜 이런 연습을 해야 하냐고 물을 수 있겠지만 해답은 간단하다. 웃음을 달고 다니는 사람에게 행운도 따르기 때문이다. 행운의 비법을 알면서 굳이 피해갈 이유가 없다.

유머의 힘은 분노와 고통을 다스리고 여유와 자제력을 키워주기 때문에 다른 사람과 충돌할 여지를 그만큼 줄여줄 수 있다. 또 꾸지람, 직언, 비판, 충고 등을 할 때도 유머를 활용하면 상대를 불쾌하게 하지 않으면서 효과적으로 자신의 생각을 전달할 수 있다. 감정의 정면충돌을 피하고 원활한 소통을 가능케 하는 '조직생활의 안전장치'이며, 바로 그것이 유머의 탁월한 효능이라고 할 수 있다.

유머가 있는 조직에는 웃음이 있고 활력이 있다. 언제나 신경을 곤두세운 채 '사람에 치여서' 살아가는 현대인들에게 유머와 웃음은 때로 회식이나 휴가보다 훨씬 큰 힘을 발휘한다. 오늘부터 남을 웃기는 일에 맛들려보자. 나부터 확실하게 웃겨주고 밝은 분위기에서 일하다 보면 소통의 통로는 시원하게 뚫린 고속도로와 같이 활짝 열린다.

타이밍, 훈련, 실행

유머는 여유 있는 마음과 유연한 생각을 하는 사람에게서 나온다. 우리 삶에서 청량제와 같은 유머, 그 소재를 찾아내는 것도 능력이다. 다른 사람을 칭찬할 줄 모르는 사람은 칭찬의 말을 준비하여 연습하고, 유머러스하지 못한 사람은 유머를 준비하여 연습하는 것도 나쁘지 않다. 이상하게 다른 사람은 어떻게 말을 해도 재미있고 우스운데, 나는 우스운 말을 한다고 하는데도 늘 썰렁하다고 느끼면 아직 서투르다는 증거다. 자꾸 해보고 자주 웃겨보려고 노력하는 과정에서 말의 테크닉은 살아난다.

특히 모르는 사람과 이야기할 때는 정치, 종교, 인종문제처럼 민감한 소재는 삼가는 것이 좋다. 이해(利害) 관계없는 가벼운 소재로 시작하여 어느 정도 분위기가 무르익었다 싶으면 본론으로 들어간다. 유머는 타이밍이 가장 중요하다. 아무리 재미있는 이야기라도 내가 하면 재미없다고 느낀다면 이것은 유머의 타이밍을 놓친 경우일 수 있다.

진정한 유머에는 기본적으로 사람들에 대한 애정과 존중이 들어 있다. 다른 사람의 외모나 신체적 결점, 동료의 실수를 비꼬는 우스개는 좋은 유머가 아니다. 설혹 그런 것을 소재로 삼는다 하더라도 무시나 조소를 담아서는 안 된다.

 당신이 남자보다 잘났다는 사실을 비밀로 하라. - 남인숙(작가)

따뜻하고 여유 있는 마음자세와 세상만사에 대한 관심, 유머에 대한 열정이 가득하다면 일단 좋은 자세를 갖추었다고 할 수 있다. 그런 후 대화에 꼭 필요한 유머감각을 기르기 위해 지식을 쌓을 필요가 있다. 유창하고 능숙한 말솜씨, 풍부한 어휘력 등을 길러주는 독서야말로 유머의 원천이다. 관심 분야가 다양할수록 고품격의 유머가 나온다는 사실을 잊지 말아야 한다.

또 유머감각을 기를 수 있는 세부적인 실천사항은 생각하는 방식을 바꿀 것, 항상 메모하고 연구할 것, 연상하는 습관을 가질 것, 비교와 비유에 익숙해질 것, 꾸준히 실험하고 평가할 것, 예의와 자연스러움을 몸에 익힐 것 등이다. 이런 훈련으로 유머를 익힌 후 실력을 발휘할 때는 절대 서론을 길게 뽑지 말자. 사람들은 정말 재미있게 들어야 할 부분까지 못 기다리고 질려버리기 때문이다.

전략적인 자기 PR이 필요하다

전문직은 물론이고 일반 직장인들 사이에서도 겸손이 미덕인 시대는 지나갔다. 묵묵히, 얌전하게 주는 일만 착실히 해내는 직장인은 환영받지 못한다. 어떤 직종에 있든 적극적으로 나를 알리고 PR하는 것이 필요한 시대에 우리는 살고 있다. 잘난 척과 자기 PR은 다르다. 높은 직위에 있는 사람이 나를 알아주기 전에, 내가 먼저 나를 알리고 그들에게 깊은 인상을 남기는 일, 직장인이 해야 할 일 목록 중에 하나다.

의식적인 노력 없이 공짜로 주어지는 건 없다. 그런데도 아직 많은 사람들은 자신을 드러내는 일에 익숙하지 못하다. 자기 PR을 시도하려고

하다가도 자신을 얄밉게 보거나 밉보이게 될까봐 영 쑥스럽고 조심하는 게 사실이다. 그러나 하기에 따라서 신선하고 시원하게 느껴지는 자기 PR이 있다.

우선 자신을 객관적으로 아는 것이 필요하다. 친한 사람, 자신을 잘 아는 사람, 혹은 알게 된 지 얼마 안 되어 나의 내면을 잘 모르는 사람 등등 두루두루 주변 사람들의 이야기를 들어서 객관적인 내 모습을 정리한다. 그런 다음 과장되지 않게 내 모습을 드러내면 된다.

다른 사람들의 객관적인 시선을 통해 파악된 장점은 물론 단점까지 솔직히 드러내며, 단점을 고칠 수 있도록 가볍게 도움을 청한다면 확실한 광고가 된다. 가끔 유머가 필요할 땐 치명적으로 이미지를 구기는 일만 아니라면 자신의 실수담을 소개해도 좋다.

내 브랜드의 가치는 남과의 뚜렷한 차별에서 온다. 재능이 조직 속에서 덧없이 묻히는 것을 막기 위해 일을 열심히 하는 것 못지않게 자신의 가치를 부각시키는 것도 중요하다. 효율적으로 자기 PR을 하는 사람은 자신의 가치를 두 배, 세 배로 올리지만 드러나지 않게 묵묵히 주어진 일만 잘 해내는 사람은 결국 무난하다는 평가에 머물기 십상이다.

남을 위해 입어라

경력직원을 채용하기 위해 최종 인터뷰를 할 때 후보자의 어떤 면을 가장 중요하게 보느냐고 한 외국계 회사의 임원에게 물었다. 주저하지 않고 '외모'라고 해서 놀랐다. 하지만 그가 말하는 외모란 생김새를 말하는 외모가 아니었다. 성품이 배어나는 얼굴 표정, 반짝이는 눈빛, 자신감 있는 제스처와 당당한 태도, 신뢰감이 느껴지는 태도 등을 보며 회사가 원하는 직원을 뽑았던 것이다. 이미 최종 인터뷰까지 올라왔을 땐 경력이나 실력에선 문제가 없는 사람이고 다시 한 번 처음 보는 것처럼 그 지원자를 본다고 한다.

실력이 있으면 그만이지 겉모습이 그렇게 중요하냐 생각할 수 있지만 형식은 내용을 담는 그릇이다. 상품도 내용물뿐만 아니라 내용물을 담거나 감싸는 디자인이 중요하듯, 후줄근한 차림에 빛을 잃은 눈빛, 의욕 없는 자세라면 이미 그 사람의 가치는 평가절하된다.

가게에 갔는데 유통기한이 지나고 오래 먼지를 뒤집어쓴 상품을 고르겠는가, 막 들여와 신선해 보이는 상품을 고르겠는가. 실력이 있어도 외부적으로 상품가치를 멋지게 드러내지 못하면 좋은 기회를 잡기 어렵다.

벤저민 프랭클린은 '먹는 것은 자기가 좋아하는 것을 먹되, 입는 것은

남을 위해서 입어야 한다.' 라고 말했다. 우스개 같은 소리지만 범죄자라 할지라도 깔끔한 용모와 인상일 경우 평균적인 법정 형량이 낮아진다고 한다. 당나라에서 시작하여 우리 전통사회의 관리를 뽑는 시험에서 인물의 평가기준으로 삼았던 것은 '신언서판(身言書判)'이었다. 언변이나 필적, 판단력보다 먼저 언급되는 것은 단정하고 바른 몸가짐이었다. 타인이 바라보는 내 모습은 어떠한가? 값비싼 명품을 사 입어도 해결되지 않는 2%를 찾아봐야 할 때다.

기회는 준비하는 사람에게만 온다

움직이기 시작했을 때는 이미 늦다

'동물적인 감각'이라는 것이 있다. 동물적인 감각이라고 하니, 남성에게 더 있다고 여기거나 스포츠 분야에만 적용된다고 여길지 모르지만, 성 구분 없이 사람에 따라 각각 다른 부분에서 특별히 뛰어난 인지능력을 일컫는다. 이 세상을 움직이는 뛰어난 오피니언 리더들은 이런 동물적인 감각을 가지고 있다. 그들은 돈의 흐름, 권력이동, 트렌드 포착 같은 시대의 흐름을 보는 눈이 남다르게 뛰어나며, 마치 본능처럼 그런 움직임을 잘 포착한다. 아마 리더에게 요구되는 수많은 리더십 중에서도 가장 중요한 포인트가 이 흐름을 포착하는, 동물적인 감각일 것이다.

그런데 흐름의 속도가 빛의 속도로 변하는 요즘엔 흐름을 포착했을 때는 이미 늦다. 포착은 했을지 모르지만 기회를 잡을 타이밍은 놓친 것이나 다를 바 없다. 지진, 홍수, 해일과 같은 자연재해가 닥치기 전에 미리 그 지역을 벗어나는 동물들처럼 그것이 정말 흐르는지 안 흐르는지 알 수 없을 때부터 그 흐름을 느끼고 알아봐야 한다.

기존의 가치가 무너지고 새로운 가치가 들어설 때, 보통 사람들이 무너지리라고 생각지도 않았을 때부터 '이미 저건 무너지기 시작했다.'는 것을 감지하고 행동할 수 있어야 한다는 말이다. 이미 모든 가치들이 움직이기 시작했을 때는 다른 사람들도 그 트렌드를 알기 때문에 시장은 더욱 치열한 경쟁에 휩싸이게 되어 힘든 싸움이 될 수밖에 없다.

이 흐름을 읽지 못해서 1위의 자리에서 물러난 기업이 있다. 전 세계에서 초기 PC시장을 독보적으로 지배했던 IBM은 자사를 심각하게 위협하는 요인으로 늘 컴팩이나 델, 인텔, 마이크로소프트사 같은 다른 경쟁사로부터 올 것이라고 생각했고, 그런 위험은 절대 놓치지 않을 자신이 있다고 생각했다. 그러나 IBM은 컴팩이나 델, 인텔, 마이크로소프트사 등을 따로따로 개체로 인식하고 반응했지, 그 기업들의 거대한 연합은 생각지 못했다. IBM의 위기 프로그램에는 이 거대연합을 '위협'이라고 여기도록 프로그램화되어 있지 않았던 것이다. 심지어 빌 게이츠가 "우리는 표준을 만든다."라고 말했음에도, 이 도전적인 선언을 대수롭지 않게 해석하고 관심을 갖지 않았던 것은 치명적인 실수가 되었다.

결국, IBM은 경쟁기업과 거대연합을 이룬 마이크로소프트사에 1위 자리를 내주고 말았다.

개인이 기회를 잡고, 치고 올라가는 경우도 마찬가지다. 물론 동물적 감각만이 능력의 전부라고 생각하고, 자신이 동물적 감각이 부족하다며 섣불리 절망해서는 안 된다. 한 개인의 능력이 100% 한 가지 요인으로만 이루어지는 것은 아니기 때문이다. 동물적 감각이나 본능이 부족하다면 다른 노력으로 자신의 능력을 채울 수 있다. 많은 사람들은 동물적 감각은 타고나지 않았지만 다른 노력으로 큰 성과를 내기도 하고 리더가 되기도 한다.

듣기 싫어도 들어야 한다

그렇다면 기회 포착을 위해서 어떤 노력을 기울여야 할까. 먼저 다양한 채널로 정보를 수집해야 한다. 핵심은 현장 중심의 정보다. 그게 어렵다면 자신이 있는 자리에서 할 수 있는 최고의 정보를 수집할 수 있어야 한다. 온라인에서 시시각각 올라오는 따끈따끈하고 신선한 정보가 좋다. 물론 현재의 트렌드를 알려주는 잡지부터 세계 석학들의 미래서에 이르기까지 다양한 독서가 뒤따라야 한다.

독서를 통하지 않고 단편적인 가십성 기사나 전문성과 깊이가 부족한

가벼운 독서는 읽어도 별 도움이 되지 못한다. 인터넷 웹서핑도 시간 가는 줄 모르게 재미있고, 친구들을 만나 함께 쇼핑하고 수다떨며 교류하는 일도 중요하지만, 없는 시간 속에서 일부러 시간을 내서라도 체계적이고 깊이 있는 책읽기를 꾸준히 하는 일은 대단히 중요하다.

또한 예상치 못한 일에 귀 기울이는 자세도 필수적이다. 인간의 심리란 그다지 객관적이지 못해서 듣고 싶어 하는 것들만 듣는 경향이 있다. 이미 내가 갖고 있고 알고 있는 믿음을 견고하게 해주는 정보만 받아들인다. 그러나 내가 이미 가지고 있는 세계관이나 가치관에 어긋나는 정보를 듣게 되더라도 받아들이는 자세를 가져야 한다.

듣기 좋은 말 속에는 더 들어봐야 색다른 정보라고 할 만한 게 그다지 많지 않다. 하지만 듣기 싫은 말 속에는 그냥 흘러들었다가 나중에 후회하기 쉬운 결정적인 정보가 들어 있을 때가 많다. 듣기 싫은 말 속에는 그 미미한 진동, 흐르지 않는 것 같으면서도 흐르는 흐름이 있다.

S전자 인사팀장은 대졸 신입사원을 뽑을 때 학력이나 어학 점수 같은 '스펙' 보다 기본기와 판단력을 본다고 밝혔다. 왜 판단력을 중시하는지에 대해서는 경쟁사인 '노키아' 를 예로 들었다. 그는 "노키아가 세계 최대 휴대전화 제조사란 타이틀을 빼앗긴 것은 '스마트폰으로의 전환' 을 예측하지 못했기 때문"이라며 "그만큼 방향을 설정하는 판단력이 중요하다."라고 말했다. 판단력을 기르기 위해서는 종이신문을 읽으라고 한

다. 그는 "요즘 대학생들은 듣고 싶은 얘기만 듣는 경향이 있다."며 "종이신문을 꼼꼼히 읽다 보면 듣고 싶지 않은 소리에도 귀를 기울이게 돼 현상을 균형 있게 바라볼 수 있다."고 말했다. 인터넷을 공기처럼 호흡하는 IT세대들은 마음속 깊이 새겨들어야 할 말이다.

듣기 싫어도 더 말해달라고, 더 알려달라고 청하라. 기회를 한 발 앞서 잡는 가장 확실한 자세다.

창조성은 포용력과 경청이다. - 줄리아 카메론(작가)

듣기 좋은 말 속에는 더 들어봐야
색다른 정보라고 할 만한 게 그다지 많지 않다.
듣기 싫어도 더 말해달라고, 더 알려달라고 청하라.
기회를 한 발 앞서 잡는 가장 확실한 자세다.

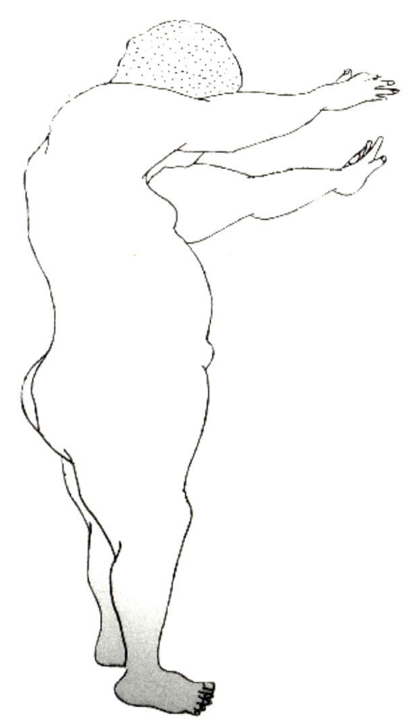

말 잘하기의 기본

지적 자산을 확보하라

마이크로소프트사의 빌 게이츠 전 회장이나 휴렛팩커드의 칼리 피오리나 전 CEO는 전 세계적으로 가장 영향력 있는 기업인이고 동시에 미국에서도 손꼽히는 명강사들이다. 휴렛팩커드의 전 CEO 칼리 피오리나는 말하기 방면에선 탁월한 재주를 가진 리더다. "오늘 아침 여기 있다는 것 자체가 유쾌합니다."라는 달콤한 말로 그녀는 골드만삭스 기술회의에서 휴렛과 컴팩의 합병안에 관한 연설을 시작했다.

세계 최대 인터넷 서점 아마존의 2000년 경영실적은 최악이었다. 제프 베조스 사장은 주주들에게 이 같은 상황을 설명해야 했을 때 "아, 정

말이지 잔인한 한 해였습니다."라는 첫마디로 말을 시작했다. 엘리어트의 시를 흉내낸 이 문장은 베조스의 연설을 딱딱한 평가가 아닌 인간적이고 일상적인 호소로 바꾸어버렸다.

말하는 능력은 성공하는 비즈니스맨들을 위한 필수요건이 되었지만, 어떤 상황을 한마디로 표현할 수 있는 능력은 하루아침에 생기지 않는다. 이것은 자신의 지식과 정보를 자기 목적에 맞게 설명할 수 있는 능력인데, 말의 재료가 되는 지적 자산을 확보하기 위해서는 무엇보다 책을 많이 읽어야 한다.

신문을 통해 트렌드를 읽고 경제·경영서를 섭렵하는 것은 여러 면에서 유용하다. 스스로 역량을 강화하는 데 도움이 되는 것은 물론이고 특히 대화할 때 주도적 역할을 할 수 있다.

말을 잘하려면 많이 보고, 많이 생각하고, 많이 느껴야 하며, 어떤 사물이든지 관심을 갖고 바라보는 것이 필요하다. 관심을 가지고 사물을 바라보면 처음에는 아무런 연관이 없는 것처럼 여겨지던 일들도 매우 긴밀하게 연관되어 있음을 발견하게 된다. 이것은 말의 물꼬를 트는 데 중요한 역할을 할 수 있다.

잘 듣기와 칭찬하기가 핵심이다

　여성들 중에 자신의 생각과 감정을 자유롭게 표현하지 못하는 사람이 많다. 자기 주장을 하면 너무 공격적으로 보이거나 상대방이 불쾌하게 여길 것이라고 생각하여 스스로 속앓이를 하면서도 자신의 의견을 표현하지 못한다. 자신의 의견을 말하기보다 남을 배려하고 순종하라는 식의 얘기를 어릴 적부터 들어와서 자신도 모르게 그런 성향을 가지게 된 것이리라.

　감정을 자유롭게 표현하기 힘들다면 그대로 두어라. 그것이 큰 미덕이 될 수 있다. 요즘같이 서로 할 말이 많고, 자기 주장의 목소리가 드높은 사회에서 말을 적게 한다는 것은 장점이 될 수 있다. 말을 할 때 자신의 생각을 정확히 표현하는 것도 중요하지만 그것 못지않게 중요한 것은 상대의 말을 정확히 듣는 것이다. 잘 들어주는 것이 잘 말하는 것보다 더 중요하다. 설득 전문가인 김종명 교수는 가장 이상적인 비율은 듣기 7 말하기 3이라고 한다. 많은 사람들이 어려운 일이 있을 때 늘 조언을 구한다고 하는 모 벤처기업 사장에게 그 방법을 아느냐고 물었더니 자신의 이야기를 간결하게 전달하고, 상대방의 이야기는 길게 들어주는 것밖에 다른 방법은 없다고 했다. 상대방의 말을 절대 끊지 않는 철칙이 있다고도 했다.

　이는 가장 이상적인 화자(話者)의 자세다. 상대의 기분을 해치지 않는

　'~가 싫어', '~하고 싶지 않나'라고 말할 때 사실상 당신은 원하지 않는 대상에 주의와 에너지를 쏟게 된다. 그러니 이렇게 물어라. "나는 무엇을 원하는가?"
　　－ 마이클 로지에(코칭 전문가)

범위 내에서 자신의 생각대로 이야기를 끌고 가는 원동력은 결국 '자신의 생각을 분명히 전달하는 것'과 '타인의 이야기를 충분히 들어주는 것'이다. 그리고 상대를 칭찬하는 말을 더하면 된다.

칭찬을 싫어하는 사람은 없다. 상대방의 장점을 드러내서 칭찬하면 열에 아홉은 내게 호감을 갖는다. 또한 도움을 청해도 웬만하면 들어주려고 노력한다. 어린 시절의 칭찬 한마디가 평생 공부할 의욕을 불러일으키고 노력할 동기를 부여해 주는 것과 마찬가지다.

경영의 귀재로 불리는 GE 전 회장 잭 웰치도 어릴 때 심한 말더듬이로 사람들의 눈총을 받았다고 한다. 하지만 그의 어머니는 늘 "네가 말을 더듬는 것은 생각의 속도가 너무 빨라 입이 그것을 따라가지 못하기 때문이야. 조금도 걱정하지 마라. 너는 자라서 큰 인물이 될 거야."라고 격려했다고 한다. 말더듬이 아들이 어머니의 칭찬으로 큰 인물로 자란 것이다.

열심히 끝까지 들어주고 칭찬을 해주어라. 그것이 성공적인 대화법의 핵심이다.

재능보다 잘 보이는 장점

도전과 고독을 즐긴 한류 1호

'걸어다니는 중소기업'이라는 별명을 가졌던 K-pop 1호 가수 보아가 최근 오디션 프로그램의 심사위원을 맡는 걸 보니 세월을 실감한다. 지금은 소녀시대나 카라 같은 아이돌 그룹이 그 바통을 이어받았지만 우리나라와 일본을 오가며 활동하던 보아의 인기가 독보적이던 시절이 있었다. 영어, 일본어, 중국어를 익히며 아시아를 넘어서 세계적인 가수로 성장할 수 있는 발판을 다졌고, 우리나라 최고의 문화상품으로 꼽히는 데 논란의 여지가 없다.

요즘에는 논란의 여지가 되지도 않지만 한때 그녀를 두고 '만들어진

기획 상품'이라며 폄하하기도 했다. 13살 때 연예기획사에 발탁되어 철저히 계산된 훈련과 연습으로 만들어진 상품일 뿐이라는 말인데, 계획하고 만든다고 모두 그렇게 인기를 얻을 수 있을까? 그렇게 계산하여 조직적이고 계획적으로 훈련하여 길러진다고 해서 모두 제2, 제3의 보아가 되는 것은 아니다. 타고난 재능과 피나는 노력 그리고 끼와 장점과 매력이 두루 합쳐지지 않고는 그처럼 대단한 인기를 얻기는 어렵다.

한창 인기 있을 무렵 보아는 방송 인터뷰에서 일본에서 인기 있는 이유가 무엇이라 생각하느냐는 질문에, 기존의 일본 여성 틴에이저 가수와 자신의 춤이 많이 다르기 때문이라고 대답했다. 일본 팬들은 자국의 여성가수에게서는 보지 못했던 다이내믹하고 파워풀한 매력 때문에 보아를 좋아한다는 것이다. 그 당시에는 여성가수들이 좀체 하지 않는다는 펌핑댄스('각기'라고도 하며 관절 하나하나를 꺾어 움직이는 듯한 춤)를 스스로 하겠다고 해서 안무가에게 배웠다고 한다. 인터뷰 중에 보여준 그녀의 양쪽 팔 관절이 완전히 따로따로 노는 '엇각기' 실력은 놀라웠다.

또한 보아는 끊임없이 새로운 변화를 즐기는 체질을 자신의 장점으로 꼽았다. 그래서 새로운 춤, 고난도의 춤을 배우는 일을 즐겼다. 기획사에 선발된 후, 무려 3년간의 트레이닝을 통해 자신의 장점을 최대한 살렸던 것이다.

지금은 연예기획사의 연습생들이 트레이닝에 많은 시간을 투자하고 있지만 보아는 그 '처음'을 간 사람이다. 여러 멤버가 함께하는 그룹도 아닌 단독 가수로서는 일찌감치 고독과 외로움을 친구처럼 안고 지금껏 걸어왔을 것이다.

새로운 도전을 즐기고 홀로 가는 길에 투정부리지 않는 성숙함이 오늘의 보아를 만들었다.

장점을 두텁게 깊이 있게

장점은 곧 자신이 잘할 수 있는 일을 발굴하는 바탕이 된다. 또 장점은 자신이 지금 하고 있는 일을 더 크게 발전시킬 수 있는 서포터즈가 된다. 사람은 누구나 장점과 단점을 함께 가지고 있다. 장점이 더 많냐, 단점이 더 많냐는 사람에 따라 조금씩 차이가 있겠지만 누구나 자신의 장점을 부피감 있고 밀도 높게 키우면 자신의 단점을 커버할 수 있다.

나의 장점은 '가만있어도 웃는 것 같은 얼굴에 활기차고 밝은 성격뿐'이라고 해도 실망하지 말자. 웃어도 슬픈 얼굴, 웃어도 우울하고 어두운 얼굴을 가진 사람이 있는데, 가만히 있어도 웃는 상(像)이라니 얼마나 큰 장점인가. 거기에 성격까지 활기차다면 사람들에게 충분히 좋은 인상을 줄 수 있다. 이런 사람은 사람을 많이 만나는 직업이나 사람들 앞에 나서서 무엇인가 진행하고 이끄는 일을 할 수 있다.

'특별히' 잘하는 일을 찾는 것은 어려울 수 있다. 도무지 내가 무엇을 가장 잘하는지 자신도 모르는 경우가 꽤 많기 때문이다. 숨어 있는 재능이 따로 있을 수 있지만 그걸 스스로 발견하지 못하는 경우도 있다. 일에 대한 재능까지는 아니더라도 자신이 느끼는 좋은 점, 남들이 말해주는 자신의 좋은 점에 귀 기울여보자. 자신의 장점이 일의 결과로 검증되어야 하는 능력의 문제가 아니라, 그냥 지금 그대로 가지고 있는 '좋은 성격'이나 '기질'일 수도 있다. 이러한 장점을 그대로 두지 말고 조금 더 계발하고 다져주면 '재능'으로 발전할 가능성이 크다. 다이아몬드 원석을 그 자체로 두고 보는 것보다 세공하여 반지로 만들어서 손가락에 끼우는 것이 더 가치 있는 것처럼 말이다.

튀는 곳을 돌아본다

차별화의 종결자 레이디 가가

'모난 돌이 정 맞는다.' 라는 말이 있다. 남들과는 뭔가 다르고 좀 튀어 나와 있는 부분이 타인과 갈등을 일으킬 수 있고 비판받아 깨질 수 있다는 말이다. 그러나 요즘은 꼭 그렇지만은 않다. '모난 돌, 유별난 돌이 주목 받는다.' 라고 할 수 있다. 사람들은 비슷비슷하게 동글동글한 돌무더기에서 어느 하나에 주목하지 못한다. 그렇기 때문에 요즘 각광받는 키워드 중에 하나가 '차별화' 다. 원만한 것보다는 원만한 것들 중에서 독특한 것을 선호하는 사람들의 추세를 반영한 것이라 할 수 있다.

어떻게 남과 다르게 할까, 어떻게 하면 남의 눈길을 끌 수 있을까. 수

많은 정보와 상품의 홍수 속에선 눈길을 끌었다는 것만으로도 한층 유리한 지점을 선점할 수 있다, 레이디 가가처럼.

레이디 가가는 마돈나의 계보를 잇는, 하지만 마돈나보다 더 차별화된 강력한 패션 센스로 세계적으로 가장 뜨거운 관심을 받는 팝스타다. 가가 패션의 가장 큰 특징은 레이디 가가 말고는 어느 누구도 따라할 수 없는 세계 유일의 패션이란 점이다. 그럴 수밖에 없는 것이 "언제나 나는 패션에 빠져 있다. 나는 옷을 입기 위해 노래를 만든다."라고 할 정도로 패션에서 영감을 받아 노래를 만들다 보니 다른 어떤 것과도 같을 수가 없다.

스시 패션, 생고기 패션, 속이 다 보이는 전신 레이스 패션, 가슴에서 발사되는 불꽃 패션, 과장된 어깨 패션 등 그 상상력의 끝을 알 수 없는 놀라운 패션을 선보였다. 그에 어울리는 기괴하고 엽기적인 메이크업과 헤어스타일은 패션을 완벽하게 빛내준다.

서양인으로는 작은 편에 속하는 155cm의 키는 그다지 특별할 것이 없지만, 명성과 음악 스타일에 비해 많지 않은 나이, 기묘한 패션 스타일, 2008년 데뷔에도 불구하고 다수의 주옥같은 명곡, 가는 곳마다 하는 말마다 화제를 일으키는 트러블메이커 레이디 가가는 여러모로 지상에서 단 한 명밖에 없는 차별화의 종결자라고 할 수 있다.

튀는 사람과 어울려라

물론 튀는 수단이 반드시 의상일 필요는 없다. 그것은 시각적으로 튀는 하나의 방법일 뿐이다. 눈에 금방 보이기 때문에 많은 사람들에게 빨리빨리 호응을 끌어낼 수 있을 뿐이다. 어떤 것이든 남과 조금이라도 다른 점을 찾는 것이 관건이다.

언제나 기존의 형식이나 틀 속에 자신을 가두지 않고, 자신을 자유롭게 놓아둘 수 있는 사람이 되는 것이 중요하다. 새롭고 낯선 것에 대한 욕망과 갈망으로 가득차 있고 그것을 어떤 식으로든 행동으로 표출시켜 자기만족을 얻으려는 노력이 필요하다. 거기에는 문화충돌이 있고 상식과 인습, 관습과 부딪치는 일이 생기지만 눈에 보이거나 보이지 않는 제도를 부숨으로써 끊임없이 나와 다른 사람을 자극하는 것이다.

늘 같은 사람과 어울리고 밥 먹고, 늘 보던 신문과 잡지를 아무런 생각 없이 펼치는 것, 같은 모임에 참석하고 뻔한 업무를 위해 많은 시간을 허비하는 것은 일단 편하다. 늘상 하던 패턴대로 움직이는 것에 익숙하기 때문이다. 그러나 이런 삶의 자세는 나를 매너리즘과 무기력에 빠지게 한다.

일단 내가 고여 있는 물 같다는 느낌이 들 때는 과감하게 괴짜 친구나 선후배를 만나라. 주변에 이런 사람 한두 명은 반드시 있다. 신념이라고

사람은 오직 자신의 강점으로만 성과를 올릴 수 있다. – 피터 드러커(경영학 구루)

생각했던 내 가치관을 흔드는 자극적인 인물과 자주 만날 필요가 있다. 생각의 폭이 얼마만큼 넓은지 도무지 가늠할 수 없는 사람, 기발한 생각으로 사람들을 감탄하게 만드는 사람, 내가 이런 괴짜들과 어울릴수록 나도 그에 걸맞은 괴짜가 되어간다. 내가 모르는 것으로 나를 자극할 사람, 나를 평범한 일상으로부터 벗어나게 해줄 사람이 필요하다.

이제는 튀는 것이 꼴불견으로 비춰지는 시대는 지나갔다. 오히려 튀는 사람에게 열광하는 시대가 왔다고 해도 과언이 아니다. 튀는 것이 개성적인 자기표현이며 자신의 매력이 될 수 있다.

자신이 좀 무색무취하다는 생각이 들거나 생활이 밋밋하다는 느낌을 지울 수 없다면 새로운 변화를 꿈꾸자. 파격적인 변신으로 주위를 놀라게 하고, 나를 즐겁게 해주자.

가릴 수 없다면 드러내라

옷을 사서 입을 때처럼

직장여성들은 계절이 바뀔 때마다 새 옷을 장만하곤 한다. 그런데 쇼핑을 하면서 가장 중요하게 생각하는 것은 무엇일까. 사람마다 옷을 고르는 결정적인 요소가 저마다 다르다. 아무리 마음에 들어도 '가격'이 자신의 계획과 맞지 않으면 결국 사지 않는 사람, 어울리는 옷보다 '좋아하는 옷'을 사고 마는 사람, 디자인보다 '소재나 색깔'을 보는 사람, '브랜드'를 보고 사는 사람 등등. 그러다 보니 고가의 유명 브랜드도 팔리고, 중저가의 브랜드도 팔리고, 값싼 시장 옷도 팔린다. 도무지 저런 옷을 누가 살까 해도 그런 스타일의 옷을 좋아하는 사람이 있다.

한 홍보회사에 근무하는 직장생활 3년차의 J는 옷을 고를 때 무엇보다도 자신의 '체형'을 염두에 두고 고른다. 아무리 자신이 좋아하는 스타일이라도 자기 체형에 어울리지 않는 옷은 절대 사지 않는다. 너무 예뻐서 한번쯤은 할 수 있을 법한 충동구매도 그녀 사전엔 절대로 없다. 허리가 길고 다리가 휘어 하체가 짧아 보이는 J는 오드리 헵번이 입었던 시가렛 팬츠는 꿈도 꾸지 않는다. 최대한 긴 허리와 휜 다리를 커버할 수 있는 옷을 산다.

그런 J의 강점은 비교적 키가 크고 얼굴이 하얗다는 점이다. 게다가 직장은 복장에 대해서 꽤 자유롭고 관대한 편이다. 덕분에 J는 디자인에서는 제약을 많이 두지만 옷 색상은 꽤 다양하고 자유롭게, 특정 색상 계열을 고집하지 않는다. 자칫 촌스러워 보일 수 있는 보색 대비가 선명한 옷도 즐겨 입고, 일반적으로 즐겨 입는 색상이 아닌 진보라색 통바지도 씩씩하게 입는다. 그래서 J는 사내에서 꽤 베스트드레서로 통한다. J의 허리가 길고 다리가 휘었다는 것을 아는 사람은 별로 없다. J가 일부러 말한 적도 없거니와 철저하게 체형을 커버하는 옷을 입어 누구도 알아채지 못한다.

J는 옷차림으로 약점을 커버하고, 강점을 살린 덕분에 직장생활에 한껏 자신감을 갖게 되었다.

드러내기와 감추기는 같다(?)

약점을 보완하거나 감추는 일이 생각보다 어려울 때가 있다. 강점을 키우는 일은 쉽지만 약점이 그대로 노출되는 것을 감추는 데는 속수무책일 때도 있다. 외모든 성격이든 업무스타일이든 습관이나 오래 굳은 스타일을 좀체 바꾸지 못해서 번번이 약점이 드러나는 경우다.

그러나 의기소침할 필요는 없다. 약점이나 단점을 있는 그대로 인정하고 드러내는 방법도 있기 때문이다. 요즘은 솔직한 사람이 어필하는 시대다. 자신의 못난 점, 자신의 실수, 자신이 못 하는 것들을 스스로 인정하고 유머로 풀어가는 사람에 대해 무한한 애정과 신뢰를 보낸다. 잘하지도 못하면서 잘한다고 허세를 부리거나, 은근하고 집요하게 잘난 척을 해대는 사람보다 훨씬 인간적인 호감과 함께 주변의 많은 도움을 받는다.

요즘은 잘생기고, 키 크고, 스타일 좋은 개그맨들이 많아졌다. 개그맨이라면 좀 웃기게 생긴 게 더 유리할 것 같지만, 전혀 그렇게 보이지 않는 호감형 외모를 가진 사람이 웃기는 게 더 웃긴 모양이다. 그래서일까. 성형을 하는 개그맨들도 생겼다. 하지만 성형 후 반응은 의외로 찬바람이다. 낯설어 보이는 얼굴에 비호감을 드러낸다.

한편 박지선이나 김신영은 호감형 개그우먼으로 꾸준히 사랑을 받는

"나는 날마다 스스로에게 두 마디 말을 합니다. '오늘은 큰 행운이 나에게 있을 것이다.', '나는 뭐든지 할 수 있어' 라는 말이지요."
– 빌 게이츠(마이크로소프트 창업자)

다. 자신의 외모에 기죽지 않고 오히려 자기 얼굴을 무기 삼아 더 망가지고, 더 희화화해서 사람들에게 더 즐거움을 주고 웃음을 준다. 시청자들은 예쁘지는 않지만 미워할 수 없는 그녀들의 프로의식에 열광한다. 그녀들은 단점을 장점으로 만드는 탁월한 선택을 했다.

자신의 단점이 고민이라면 과감히 인정하고 드러내는 용기도 필요하다. 그 단점이 작지 않다 하더라도 아예 주변 사람들에게 공개하고 고민하는 모습을 보이면 오히려 단점이 호감을 불러일으킬 수 있다. 솔직한 것처럼 사람 마음을 움직일 수 있는 것은 흔하지 않다. 진심은 통한다. '드러내기'가 의외로 '자연스러운 감추기'가 될 수 있는 것은 솔직함으로 무장된 단점은 더 이상 단점으로 보이지 않는 아주 다행스런 착시현상이 생기기 때문이다.

단점을 완전하게 감출 수 없다면 완전하게 드러내라.

모으고 펼치고 지킨다

약속 시간도 5분 정도 앞서 지키고
약속한 업무도 조금 일찍 마무리해서 넘겨주자.
꼭 제 시간에 맞춰 넘겨주는 사람도 신뢰가 두텁지만,
조금 더 앞서 지키는 사람은 갑절의 신뢰를 구축할 수 있다.

자신과의 약속

먼저 지키기 쉬운 약속부터

아침엔 꼭 일찍 일어나서 조깅을 하겠다, 한 달에 책을 10권 읽겠다, 아니면 오늘은 결코 무엇 무엇을 하지 않겠다 같은 자기 자신과의 크고 작은 약속들을 지킬 수 있는 방법이 없을까? 숱하게 많은 약속들을 내 자신에게 하고 있지만 제대로 지킬 수 없다는 것은 스스로에게 열패감만 안겨준다. 이런 약속이라면 애초부터 하지 않는 것이 정신건강에 좋을지도 모른다.

여기서 목표를 한 단계 낮추어서 약속을 지키는 것은 어떨까?

자기 자신과의 약속 때문에 가슴 짓누르는 부담을 가지고 있으면 지키기 어렵다. 조깅은 꼭 아침 일찍이 아니라도 어떤가, 시간이 날 때마다 그것도 하루걸러 한 번씩 2~3일 정도만 해도 좋다. 또 책은 일주일에 한 권 정도 읽을 수 있다면 훌륭하다. 이것이 몸에 뱄을 때 조금씩 목표량을 늘려나가는 것은 무리가 되지 않는다.

그리고 그런 계획을 혼자만 알고 진행시키는 것보다 다른 사람과 공유하는 것도 좋은 방법이다. 가족이나 친구에게 자신의 계획을 공표함으로써 타인과 약속한 것처럼 꼭 지켜야 한다는 마음가짐이 더욱 커지고 그러면서 재미가 생길 수 있다. 또 자신과의 약속을 지킬 수 없을 때는 타인의 격려로 도움을 받을 수 있기 때문에 여러 사람에게 자신의 계획을 알리는 것이 좋다.

자기와의 약속이 지켜졌을 땐 뿌듯함과 자신에 대한 기특함이 더욱 크다. 아무리 작은 것이라도 자신과의 약속은 그만큼 지키기 어렵기 때문이다. 그런 만큼 뿌듯함과 기특함은 다음 목표를 향해 나아갈 수 있는 원동력이 되고, 조금 더 늘어난 목표량도 너끈히 소화할 수 있는 힘이 된다. 자기 자신에게 신뢰가 생기고 무엇이든 할 수 있다는 자신감이 생겨난다. 자기 자신과의 약속을 꼭 지키는 일은 그런 즐거운 소득을 연이어 낳는다.

오늘의 습관이 성공을 부른다

어떻게 하면 사람들이 신을 믿지 않게 만들 수 있을까 하고 악마들이 모여서 머리를 짜내었다. 한 악마가 사람들을 아프게 하자고 의견을 내놓았다. 그러나 사람들은 아픈 것을 낫게 해달라고 더 신에게 매달렸다. 그러자 다른 악마가 사람들을 가난하게 만들자고 말했다. 그러나 사람들은 가난에서 벗어나게 해달라고 더 신에게 빌었다. 그런데 내내 한쪽 구석에서 조용히 듣기만 하던 악마가 사람들이 모든 일을 내일로 미루게 유혹하자고 제안했다. 사원이나 교회에 가는 일도 내일로, 공부하는 일도 내일로, 오늘 해야 할 모든 일을 끊임없이 내일로 미루면 결국 사람들은 신마저도 내일부터 믿자고 하게 된다는 것이다.

성공은 하루하루를 성실하게 잇고 쌓아 만든 완전품이다. 시간도 오래 걸리고 중간에 난관도 많다. 성공한 사람들의 면면을 보면서 그들이 무슨 차를 타는지, 어떤 집에서 살고 있는지, 어떤 브랜드를 입고 다니는지를 볼 것이 아니다. 그들이 그것을 누리기까지 하루하루 흘렸을 땀과 고뇌를 읽을 줄 알아야 한다.

성공한 이들은 결코 오늘 할 일을 내일로 미루는 법이 없다. 정확히 세운 목표 아래 그날 해야 할 일을 그날 꼭 해왔다. 내일 해도 되는 일을 무작정 오늘 안에 다 하겠다고 발버둥치기 전에, 오늘 할 일이 절대로 내일로 밀려나지 않게 시간관리를 잘해서 그날 모두 해내는 습관을 들였다.

간단해 보이는 일도 몸에 착 붙는 습관으로 자리 잡기까지는 어렵다. 심리학자들은 21일 동안 지속적으로 무슨 일을 실행하면 습관이 된다고 말한다. 여기서 중요한 요소는 지속적으로 실행하는 것이다. 하루라도 걸렀다면 처음부터 다시 날짜를 세야 한다. 그리고 새로운 습관은 실제 행동(Action)이 중요한다.

일단 습관이 되면 힘들이지 않고도 당연히 해야 하는 일, 밥 먹고 잠드는 일처럼 자연스러워진다. 바로 오늘 해야 한다. 지금 할 수 있는 일은 당장 해야 한다. 잠이 깨자마자 행동한다. 행동은 두려움을 훨씬 쉽게 극복하게 해준다. 하기 싫은 일부터 할 수 있으면 더욱 좋다. 민첩하게 행동하며 바쁘게 움직인다면 '내일 하지 뭐.' 하는 유혹에서 벗어날 수 있을 것이다.

눈앞의 일에 최선을 다하면 인생은 반드시 좋은 방향으로 흘러간다.
– 야마자키 다츠로(일본 최고령 바텐더)

“이렇게 하고 싶어.” 혹은
“이렇게 할 수 있다.”라고 말하라.
계획한 것은 반드시 한다는 사실을 기억하면서
실천하는 동안 목표를 잃어버릴 정도로 몰입하라.
무엇보다 처음으로 내딛는 발걸음에 신경을 집중하라.

타인과의 약속

세일즈 귀재의 단순한 원칙

보험 판매왕, 자동차 판매왕, 세일즈의 천재, 이런 사람들의 공통점은 무엇일까? 혹은 비법은 무엇일까? 대부분의 회사들은 성격이 좋은 사람들을 고용하는데, 잘 차려입고 잘 웃고 얘기 잘하는 사람이면 판매도 잘할 수 있을 거라고 생각한다. 그러나 그런 사람은 자신이 먹고살 만할 정도의 수입은 있겠지만 그 이상의 성공을 거두기는 어렵다.

사실 타고난 세일즈맨은 없다. 그리고 많은 성공한 세일즈맨들은 그 일을 시작하기 전에 심한 자기 열등감이 있거나 성격적 장애를 가진 경우도 많았다. 그런 사람들의 성공은 자기만의 독특하고 특별한 비법이

하나씩은 있을 법하다. 하지만 의외로 평범한 경우가 많다. 물론 몇 가지 기술이나 아이디어 면에서 자기만의 노하우가 있을지는 모르지만, 그것은 사소한 스킬에 불과하다. 성공한 세일즈맨은 단순한 원칙에서 크게 벗어난 경우가 거의 없다.

자기 제품에 대한 방대한 지식과 자신의 제품에 대한 믿음을 갖는 일은 중요하다. 자기 제품을 잘 알고 그것에 대한 믿음과 신뢰가 열정을 갖게 만드는 것이다. 자신이 보기에도 상품이 보잘것없다면 결코 남에게 권할 수도 없고 설득할 수도 없다.

그러나 상품을 전하기 이전에 먼저 다져야 하는 것이 있다. 신뢰다. 일단 사람들에게 신용을 얻어야 한다. 나를 신뢰하는 고객만이 내 상품에 대한 설명을 귀담아 듣기 때문이다. 나에 대한 믿음과 상품에 대한 열정이 나와 고객과의 신뢰의 선을 타고 그 사람에게 전해지는 것이다.

이런 신뢰와 세일즈의 관계는 여기서 그치지 않는다. 나를 브랜드화하고 나의 몸값을 높여 최고의 상품을 만들었다 할지라도 나와 타인 사이에 신뢰가 없다면 브랜드든 상품이든 아무도 거들떠보지 않을 것이 분명하다. 그렇기 때문에 타인과의 신뢰 쌓기는 어디서나 평생 이루어져야 한다.

5분으로 얻는 신뢰

　요즘 기업에서 신입사원을 뽑을 때 독특하고 이색적인 방법으로 면접시험을 보는 경우가 많다. 노래방에서 노래를 부르며 맘껏 놀아보게 한다거나, 팀을 짜서 농구경기를 하라고도 한다. 면접관들은 이런 면접시험에서 응시자들의 어떤 모습을 보려고 하는 것일까. 다소 엉뚱하지만 면접관들은 응시자의 팀워크를 보려고 한다. 아무리 공을 많이 넣어도 다른 사람과의 협조 없이 혼자만 독주하는 행동은 감점대상이 된다. 다른 사람과 호흡을 맞추어 팀을 승리로 이끌 수 있는 사람이 필요한 것이다.

　조직생활에서는 뛰어난 업무 처리 능력, 성실성, 책임감, 리더십 등이 중요하지만, 그 중에서도 많은 상사들이 원만한 인간관계 또는 대인관계를 부하직원을 평가하는 중요한 항목으로 꼽는다. 다른 사람들과의 업무협조가 원만한지, 다른 사람과 신뢰관계가 탄탄하게 구축되어 있는지, 주변의 동료들에게 어떤 사람으로 평가되는지를 중시한다.

　여성들도 한층 더 노력하여 원만한 대인관계를 쌓아야 한다. 가장 먼저 신뢰를 쌓을 수 있는 방법은 무엇보다 타인과의 약속을 '칼같이' 지키는 것이다. '여자니까' 조금 늦어도 애교로 봐주겠지, 여자니까 일이 좀 늦어져도 이해해 주겠지, 어차피 오늘은 그 사람이 퇴근해서 내가 이 일을 넘겨주어도 못 할 테니까 내일 아침에 일찍 주면 되겠지 뭐, 이런

까맣게 타는 쪽이 사랑이다 - 카페라테 에스프레소 광고 문구

식의 자세는 위험한 습관으로 굳어질 수 있다.

　어떤 약속이든 약속의 경중을 떠나 꼭 지키는 습관을 갖자. 아무리 업무를 확실하게 처리하고, 아이디어가 넘쳐서 부서에 활력을 불러일으키는 사람이고, 남을 잘 도와주는 사람이라도 약속을 잘 지키지 못한다면 깊은 신뢰를 얻기 어렵다. 한 발 앞서서 약속을 준비하고 기다리자. 약속 시간도 5분 정도 앞서 지키고, 약속한 업무도 조금 일찍 마무리해서 넘겨주자. 꼭 제 시간에 맞춰 넘겨주는 사람도 신뢰가 두텁지만, 조금 더 앞서 지키는 사람은 갑절의 신뢰를 구축할 수 있다.

　5분 늦지 말고 5분 빠르게.

스스로 하는 절제의 묘미

단순하게 살아라

성공한 사람들의 비결은 대부분 한 가지 일에 열정적으로 매달리는 데 있다. 머릿속에 아무리 많은 것이 들어 있어도 그것들이 서로 충돌하거나 갈등을 일으키지 않는 까닭은 가장 중요한 것이 무엇인가를 빠르게 판단하여 그것을 실천함으로써 질서를 유지한다. 그런데 이게 쉽지 않은 게 문제다. 실제로 그렇게 해보려고 시도했다가 실패한 경험을 가진 사람도 있을 것이다. 일상의 자질구레한 일들이 나를 괴롭히고 예상치 못한 일들이 돌발하면서 중요한 일을 먼저 하려는 계획이 실패로 돌아간 경험 말이다.

그렇다면 더욱 단순해지자. 하루에 한 가지, 가장 중요한 하나만이라도 확실하게 한다는 자세다. 우선순위를 매기되, 가장 중요한 것은 1순위를 꼭 해낸다는 각오로 임해야 한다. 물론 두 번째 중요한 것은 2순위, 3순위, 4순위를 정해놓고 1순위 목표가 달성되었다면 2순위 일을 하면 된다.

우선순위는 대개 시한에 따라 결정되는 경우가 많은데, 반드시 그럴 필요는 없다. 급히 해야 할 일이 모두 중요한 것은 아니다. 1순위에 놓여야 할 것은 많은 사람들의 관심을 받는 일이나 발전 잠재력이 큰 일, 또는 평균 이상의 결과치를 보장해 주는 일이어야만 한다. 타협이 불가능한 일, 절대적으로 꼭 해야 하는 일이다.

2순위 일은 머릿속에서 완전히 지운 채 1순위 일에 매진해야 한다. 그래야 온 힘을 쏟아 에너지를 집중시킬 수 있다. 그러려면 내가 2순위와 3순위 일에 걸려 있는 사람들과 약속을 재조정하는 과정이 필요하다. 그래야 가장 먼저 해야 할 일을 할 수 있는 여유시간을 만들 수 있다. 그리고 약속시간은 꼭 지킬 수 있을 때로 정해야 한다. 신뢰가 중요하기 때문이다. 괜히 미안한 마음에 현실적으로 너무나 어려운 시간에 덜컥 약속하는 일은, 스스로 신뢰를 무너뜨려 자기 무덤을 파는 행위이다.

방해요인을 사전 점검해서 막아라

이제 1순위의 일을 시작하려면 다른 일들로 방해받아서는 안 된다. 메일을 확인하거나 홈쇼핑을 하거나 다른 사람에게 전화 걸 일 같은 것은 최대한 뒤로 미루어두었다가 한다. 급한 전화를 받을 일이 없다면 전화기도 꺼둔다. 집에서 일하는 사람이라면 초인종 소리에도 반응하지 않는다. 중간에 커피 마시는 일도 하지 말고 아예 일을 시작하기 전에 한잔 마시고 화장실도 미리 가두는 것이 좋다.

일단 1순위의 일을 할 준비를 끝냈다면 처음에는 쉬운 일부터 시작해서 쾌적하게 일의 리듬을 타는 것이 중요하다. 몸과 정신을 일에 몰입할 수 있게 살살 달래며 시작한다. 그러다 보면 예기치 않은 에너지가 솟구치고 슬슬 몸이 풀리면서 자연스럽게 스스로 일하는 리듬이 생긴다. 그러면 일이 진행될수록 점점 더 쉬워지는 것도 온몸으로 느낄 수 있다.

가벼운 달리기부터 시작해 마라톤에 입문한 사람들은 약 3개월 정도만 꾸준히 하면 고통의 시간이 지나고 언제까지라도 달릴 수 있을 것 같은 쾌감과 비슷한 감정이 찾아온다고 한다. 그 최고 정점을 '러닝하이(Running High)' 라고 하는데, 달리는 것에 적응이 된 몸이 더 달릴 것을 요구하는 것이다. 이런 경험을 한 사람들은 가벼운 아침 조깅이 러닝으로 변하고, 대회에 참가하면서 본격적인 마라톤에 입문하게 된다는 것이다.

 너는 먼저 안을 깨끗이 하라. 그리하면 겉도 깨끗하리라. - 마태복음 23:26

일도 이렇게 마라톤처럼 하면 마라토너가 러닝하이를 느낄 때처럼 쾌감을 느낄 수 있다. 이것이 바로 집중력을 만드는 기분 좋은 감정상태다. 마라톤은 상대적으로 일보다는 방해요인이 적지만, 일을 시작하기 전에 방해요인을 찾아 미리미리 줄일 수 있다면 에너지를 더 집중할 수 있게 된다.

손가락 사이로 새는 시간

기록하면 막을 수 있다

"시간이 없어서.", "바빠서."라는 말을 입에 달고 사는 사람은 특정한 한두 사람에 국한되지 않는다. 너도나도 바쁘고 시간이 없고 늘 종종거리며 사는 일이 일상적인 우리네 풍경이다. 그러나 실제 우리들은 시간이 없고 바쁘다기보다 잘 관리하지 못해서 시간이 없는 경우가 대부분이다.

하루 24시간을 25시간으로 쓰는 사람이 있는가 하면, 24시간을 12시간에도 못 미치게 쓰는 사람도 많다.

메모나 기록을 습관화하지 못했다 하더라도 자신이 어떻게 시간을 보내고 있는지 며칠간만 기록하면 너무도 놀라운 사실을 발견할 수 있을 것이다. 며칠 동안 나의 움직임을 바로바로 기록해 보자. 이때 평소 하던 대로 하면서 체크하는 것이 가장 중요하다. 한 가지 일을 끝냈을 때 바로 시간을 보고 그 자리에서 기록한다. 커피 마시면서 동료들과 이야기 나눈 시간도 정확하게 기록하고, 아침에 일어나서 씻고 화장하고 옷 갈아입고 밥 먹는 데 걸린 시간도 정확하게 적어라. 어떤 식으로든 종류를 가리지 말고 한 가지 일을 마친 후 바로 기록하고 다음 일을 하도록 해보라.

이렇게 하면 새는 시간이 그대로 눈에 보인다. 아마 내가 일을 하는 데 집중적으로 쓰는 시간이 무척 적다는 사실을 알고 깜짝 놀랄 것이다. 아마 50% 정도 업무에 집중한다 해도 꽤 괜찮은 생산성을 가졌다고 할 수 있다. 정직하게 가슴에 손을 얹고, 그리고 20/80법칙대로라면 30%에도 미치지 않는 시간에 거의 모든 일을 마친다는 것이다.

20/80법칙이란 사람들이 자신이 가진 시간 중 20%의 시간으로 80%의 일을 이룬다는 말이다. 결국 집중하는 20% 시간에 거의 모든 일을 한다는 뜻이다. 뒤집어 말하면 많은 사람들이 나머지 80%의 시간을 헛되이 쓰고 있다는 뜻이기도 하다.

일단 자신의 하루를 종이에 기록한다. 3일 이상을 기록한다. 문제점이 무엇인지, 쓸데없이 어영부영하며 보내는 시간이 얼마나 되는지, 몰아서 할 일에는 어떤 것이 있는지, 집중하는 데 방해되는 요인에는 어떤 것이 있는지 세심하게 분석해 보자. 어떻게 시간을 분배하고 효율적으로 써야 할지 잘 보일 것이다.

누가 나를 방해하는가

새는 시간을 찾았다면 자신에게 중요하고 소중한 한 가지 일을 새롭게 시작하고 싶은 의지가 한층 커질 것은 분명하다. 그동안 이렇게 많은 시간을 헛되이 쓰고 있었다고 생각하면 너무 아깝고 안타까운 마음이 들어서 당장 그 새는 시간의 구멍을 틀어막고 싶어질 것이다. 그러나 이것에도 만만찮은 방해꾼이 생기기 마련이다.

일에 집중해 보려고 하면 이상하게 걸려오는 전화도 많고, 내내 소식도 없던 사람이 찾아오고, 옆 부서 선배가 복도에서 자판기 커피라도 한잔 하자고 한다. 그리고 일을 바로 시작하지 못하고 여러 가지 의식(?)을 거행하면서 뜸들이는 습관을 가진 사람도 있다. 물을 한잔 먹어야 한다든가, 커피를 한잔 해야 한다든가, 급한 일도 아닌데 습관적으로 화장실을 다녀와야 한다든가 하는 일들이다. 이런 일을 하는 데 시간이 얼마나 걸리냐며 반문할 수도 있지만, 그 일을 하는 동안 누군가를 만날 일이 생긴다는 점에서 자투리 시간을 잡아먹는 작은 괴물이다. 물 한잔, 커피 한

완벽주의자는 돈키호테처럼 불가능한 꿈을 꾼다. 그런데 문제는 실제 행동에서 완벽을 추구하기보다는 눈만 높아져서 몸이 더 게을러질 가능성이 높다는 사실이다.
– 레지나 리드(정리 전문가)

잔 하면서 이야기하기 얼마나 좋은가.

　일에 방해받지 않는 환경을 스스로 만드는 것이 중요하다. 미리 작은 생수통을 옆에 가져다놓는다거나, 커피를 오전 일과 시작 전, 점심식사 후에 한잔씩 마신다는 원칙 등을 세우는 것이 좋다. 그리고 업무로 전화가 올 일이 없다면 휴대전화는 꺼놓는다. 할 수 있으면 책상 위의 회사 전화도 일에 집중하는 한두 시간 동안은 다소 한가한 다른 사람에게 받아달라고 부탁하는 것도 좋다. 최대한 방해받지 않는 환경을 만드는 것이 일에 집중하며 능률을 높일 수 있는 방법이다.

끊임없이 관심을 받게 한다

나를 식지 않게 하라

자신에게 가끔 물어보라. 나 자신이 진정으로 원하고 흥분하는 열정을 갖고 있는 것이 무엇인가? 나의 생활이 나태하거나, 게으르게 보일 때는 내가 진정으로 원하는 열정을 놓치고 있기 때문일 것이다.

내가 열정으로 흥분된 상태라면, 결코 남에게 게을러 보이지 않을 것이다. 자신에게 물어보자. 목표가 무엇인가? 나는 무엇을 원하는가? 내가 지금 집중하고 있는 것은 무엇인가? 내가 어떤 일에 진정으로 집중할 수 있다는 것은 그것에 관한 열정이 있다는 의미다.

 내면이 외면을 결정한다. – 고대 요가 수행자

어린 학생들에게 공부를 강요하기보다는 동기를 부여하는 것이 중요하다고 한다. 공부를 열심히 하지 않는 학생들에게 필요한 것은 규제가 아니라, 동기다. 무엇인가 자신이 갖고 싶은 것이 있다면, 그것에 진정한 열정이 생긴다면, 누구나 최선을 다할 것이다. 게으름은 관심의 문제이지 자제력의 문제가 아니다.

그러기 위해선 스스로 동기부여를 하는 것도 도움이 되지만, 주변 사람들의 도움을 받아 실행할 수도 있다. 나를 가장 잘 아는 사람, 내가 잘 되기를 바라는 사람, 나를 진심으로 염려하고 걱정해 주는 사람을 선정해서 나의 꿈과 목표, 구체적인 계획을 보여주면서 나의 열정이 조금 시들하거나 수그러드는 기세가 보이면 가차없이 채찍질해 달라고 부탁해라. 절대 부정적인 말은 꺼내지 말고 잘할 수 있다고 격려해 달라고 부탁해라. 그리고 애초의 내 꿈과 목표를 끊임없이 일깨워달라고 부탁해라.

내 정신을 늘 식지 않게 해줄 뜨거운 난로 같은 사람을 찾아 도움을 요청하라. 동기부여와 열정을 지피는 데 큰 도움이 될 수 있다.

시작에 집중한다

25시간을 사는 비결

언젠가 종로 지역 포장마차의 '야식메뉴'가 텔레비전에 나온 적이 있었다. 젊은 세대의 입맛에 맞춘 다양하고도 새로운 시도가 엿보이는 수많은 술안주와 야식을 보며, 우리나라 사람들이 밤에 활동하는 시간이 얼마나 많은가를 실감했다.

그런데 밤에 활동하는 사람들이 정말 꼭 필요한 업무를 위해 밤 시간을 보내고 야식을 먹는 것일까? 그냥 즐기기 위해서 또는 친목을 위해 사람들과 어울리기 위해서 밤 시간을 할애하는 경우가 많지 않을까?

시간관리는 바로 이런 곳에서부터 철저하게 이루어져야 한다. 시간이 없다는 소리를 할 게 아니라 철저하게 관리해서 시간을 만드는 것이다. 생활패턴을 바꾸는 획기적인 일에 온몸을 던져 실천할 의지만 있다면 두 가지 삶을 동시에 진행할 수 있는 행운을 만들어낼 수 있다.

일단 일찍 잠들어라. 모든 방해요소를 차단하고 어떻게든 일찍 잠들 수 있게 한다. 그리고 6시간 정도 자고 일어난다. 10시쯤 잠들었다면 4시, 11시쯤 잠들었다면 5시, 12시에 잠들었다면 6시에 일어나는 것이다. 그리고 잠을 깬 시간에 집중한다. 무슨 일을 할 것인지 미리 계획을 세운 후 날마다 새벽에 그 일을 한다.

내가 변해야 이제까지와는 다른 삶을 살 수 있다. 내 생활이 불만족스러울수록, 내 생활이 싫어질수록, 내 생활이 답답할수록 내가 먼저 변해야 한다. 내 생활패턴의 구조조정이 먼저 이루어져야 한다. 그래야 내 생활이 변할 수 있다. 내가 변하지 않고, 내 삶이 달라지길 기대하는 것은 순전히 욕심이다.

'루자' 씨의 미루기병

직장인 '루자' 씨는 늘 할 일을 미루며 마지막 기한까지 버티다가 일을 처리하는 아주 나쁜 버릇이 있다. 놀면서도 일에 대한 부담이 짓누르니,

늘 불편하고 불안한 채로 일을 마감시간 가까이 두고 진행시키니 쉬는 시간에도 쉬는 것 같지 않은 것이다. 루자 씨도 이런 자신의 고질병을 고치려고 무던히 노력해 보았지만 좀체 고쳐지지 않았다. 늘 완벽하게 일을 처리해야 한다는 강박관념 속에 완벽한 구상과 결과물을 머릿속에 그리지 않고는 시작도 못 하는 것이 문제였다.

그래서 루자 씨는 미리미리 일을 처리하고 약속기한을 하루 앞당겨 일을 끝내는 '미리' 씨에게 그 노하우를 물었다.

미리 씨의 대답은 의외로 간단했다. "꼭 해야 돼!"라는 말은 하지 않는다는 것이다. 그런 말은 머릿속에 일을 처리할 수 있도록 에너지를 집중해야 된다는 것이다. 또 그 일을 실패했을 때의 위협으로부터 자신을 보호해야 하는 강박관념에 사로잡혀 일과 싸울 준비를 하면서도 다른 한편으로는 도망가고 싶어 하는 마음이 맞선다는 것이다. 대신에 "이렇게 하고 싶어."라든가 "이렇게 할 수 있다."라고만 말하라고 했다. 그리고 그 말을 스스로 믿으라고 했다. 자신과 다른 사람을 향해 큰 소리로 그렇게 말하고, 실패가 아니라 성공적으로 과제를 완성한 모습을 그려본다고 했다. 그리고 시작에 온 신경을 집중한다고 했다. 계획한 것은 반드시 한다는 사실을 기억하면서 실천하는 동안 목표를 잃어버릴 정도로 몰입하게 된다는 것이다. 무엇보다도 처음으로 내딛는 발걸음에 신경을 집중한다는 말이다.

루자 씨는 결과에 너무 집착하지 않는다는 말에 용기를 얻었다. 결과를 향해 실천하는 행동을 사랑하고, 목표가 아니라 그곳을 향해 가는 과정을 애정으로 지켜보는 법을 배웠다. 완벽하기를 바라기 때문에 아예 일을 시도하지도 못하는 일이 없어지리라는 확신이 들었다.

남에겐 관대하게 자신에겐 냉혹하게

카네기가 알려준 비결

L은 꽤 많은 직원을 거느린 중견기업의 대표다. 그는 직원들을 끊임없이 다그쳐야만 치열한 경쟁사회에서 생존할 수 있다고 생각했다. 친절·칭찬·격려와 같은 단어들은 그의 사전에 없었다. 언제나 직원들의 실수나 잘못을 지적하고, 비판하고, 거친 말로 다그쳤다. 그런 L을 좋아하는 직원은 아무도 없었다. 그가 회사에 나타나면 직원들은 너나 할 것 없이 그와 눈을 마주치는 것을 피했고, 누구도 쉽사리 말을 붙이지 못했다.

그러던 그가 얼마 전에 절친한 친구로부터 책을 선물 받았다. 평소 책

읽을 시간을 별로 갖지 못했던 L은 오랫동안 그 책을 사무실 한 켠에 두었다가 비로소 최근에 읽게 되었다. 그 책은 카네기의 〈인간관계론〉이었다. L은 이 책을 읽고 큰 충격을 받았다. 그 중에서도 무조건 지시하고 비판하기보다 열렬한 욕망을 불러일으키는 일이 얼마나 중요한가에 대한 내용이 가장 기억이 남았다.

L은 비판과 지시, 지적에서 크게 벗어나지 못한 자신의 무능함을 그제야 볼 수 있었다고 털어놓았다. 칭찬하고 격려하고 일하고 싶은 욕망을 불러일으키지 못한 자신에게 너무나 실망했다. 조금 더 너그럽게 이해하고 감싸주면서 직원들을 다독이지 못한 게 후회되었다.

L은 우선 직원들의 실수에 대해 일단 긍정적이고 낙관적인 말로 격려하는 것을 연습했다. 그리고 잘된 사례를 보여주며 "이런 것은 보기에 어떠하냐?"라고 의견을 물으면서 목표점을 찾아주었다. '아, 할 수 있겠다. 그렇게 해보고 싶다.' 라는 생각을 불러일으킨 것이다. 칭찬할 일은 여러 사람 앞에서 공개적으로 확실하게 칭찬함으로써 의욕을 북돋아주었다. 그러자 그에게 직원들의 달라진 모습이 보이기 시작했다.

회사 직원들은 처음엔 '이 사람이 뭘 잘못 먹었나? 갑자기 왜 이래?' 하는 표정으로 경계했으나, 그가 확실히 달라졌다는 것을 알게 되면서 모두 편안하게 이야기를 나누었다. 직원들 모두가 그를 존경하기 시작했으며 회사는 더욱더 성장하게 되었다. 요즘 L은 회사에서나 가정에서

나 예전에는 느낄 수 없었던 말할 수 없는 행복을 느끼고 있다.

모든 것은 '내 탓이오!'

한때 천주교에서 '내 탓이오' 운동을 전개했던 적이 있었다. 스티커를 만들어서 차 뒤에 붙이고 다니는 운전자를 심심치 않게 보기도 했다. 세상의 많은 사람들이 모든 잘잘못을 남의 탓으로 돌리고 책임을 전가하는 세태에 일침을 가하는 사회운동이었다고 할 수 있다.

진정으로 자기 삶을 잘 꾸려가는 사람은 절대로 남 탓을 하지 않는다. 성공하는 사람은 어떻게 해도 자기 잘못을 인정하며 개선해 보려고 노력하는 반면, 실패하는 사람은 "내가 뭘 잘못했는데? 내 잘못이 아냐." 하기를 주저하지 않는다.

무엇이든 실패와 좌절을 맛본 사람이 자기 자신에게 책임을 묻는 일은 쉽지 않다. '내 탓이오.' 하기에는 자존심도 상하고 다시 일어설 면목도 없다. 그러나 그럴수록 자신의 잘못을 분명히 직시하는 사람이 다시 일어나도 탄탄하게 설 수 있다. 자신에게 엄격해지는 것이다. 같은 실수를 반복하지 않겠다는 굳은 결심으로 다가설 수 있다.

일단 작은 것에서부터 자기 책임을 다하자. 작은 실천사항에서부터

"여기 자신보다 더 우수한 사람을 어떻게 다루어야 하는지를 아는 사람이 누워 있다." – 미국 철강왕 앤드류 카네기 묘비명

엄격하게 자기 자신을 지키도록 관리한다. "에이, 이쯤이야. 이 정도 안 지킨다고 어떻게 되겠어? 더 큰일을 잘하면 되는 거지." 하는 식으로는 곤란하다. 작은 것에서부터 자신에게 엄격한 사람이 큰일도 해낼 수 있다. 지각하지 않는 것, 표정관리, 마감 시간보다 여유 있게 끝내는 습관, 스스로 찾아서 일하는 습관 등등 조금이라도 게을러지는 자신을 끊임없이 채찍질하는 노력이 필요하다.

혼자 두고 나를 보라

나를 알아야 세상을 이긴다

사람들은 남에 대해 알고 싶어 하고 남에 대해 이야기하기 좋아한다. 남 이야기라면 시간이 어떻게 흘러가는지 모른다. 그러나 정작 누군가 "넌 누구냐? 어떤 사람이냐?" 하고 묻는다면 꿀 먹은 벙어리가 되거나 우물쭈물하거나 당황해서 "통과!" 하고 외치고 싶어질지 모른다.

웬만해서 우리는 "나는 누구인가? 나는 어떤 사람인가?"에 대한 질문을 스스로 하지 않는다. 이 질문에 대답하려면 적당한 노트가 필요하다. 나의 약식 자서전, 나에 대한 백과사전쯤으로, 나를 알아가는 과정이 깊고 넓어질 것이기 때문이다. 처음부터 "나는 어떤 사람인가? 무슨 일을

잘할 수 있나?"와 같은 질문에 자신 있게 대답하기는 의외로 힘들다.

이제 나만의 백과사전, 나만의 매뉴얼로 나를 설계하자. 이것을 근거로 내 인생의 밑그림을 그리고 5년 후의 모습, 10년 후의 할 일을 구체적으로 묘사하면 나의 인생대작은 시작된다.

쓰기를 통한 말하기

P는 읽기와 쓰기, 말하기가 모두 서툴고 그 부분의 학습능력이 아주 현저히 떨어졌다. 그래서 P의 엄마는 학습지와 과외선생님의 도움을 받아 P의 언어 학습능력을 키워주려고 했다. 그러나 그 어떤 방법도 소용이 없었다. 그러다가 엄마는 모든 것을 포기하고 P에게 하나만 약속하자고 했다. 하루도 거르지 말고 일기를 쓰자는 것이었다.

엄마는 한동안 먼저 일기를 써서 P에게 보여주었다. 그리고 함께 일기를 썼다. P는 처음에는 어려워했지만 엄마가 곁에서 함께 해주었기 때문에 어려움을 쉽게 이길 수 있었다. 그리고 초등학교를 졸업하고 중학생이 되어 더 이상 엄마가 일기검사를 하지 않았는데도 계속 일기 쓰는 일을 멈추지 않았다. 사춘기가 되면서 자신에게 하고 싶은 말이 더 많아지면서 일기에 자신의 고민과 방황 등을 그대로 털어놓았다.

P는 현재 문화평론가로 활동하고 있다. P는 자신이 폭풍 같은 사춘기

를 지냈으면서도 겉으로는 무풍지대를 지내온 것같이 보였던 까닭이 모두 일기 덕분이었다고 회상한다. 일기에 자신의 모든 것을 쏟아내면서 어느 정도 감정을 가라앉히고 정화된 기분을 가질 수 있었다는 것이다. P는 어머니가 자신에게 준 가장 큰 선물은 일기 쓰기 습관을 길러준 것이라고 서슴지 않고 말한다. 그것으로 자신은 지금까지 행복한 삶을 누리고 있기 때문이다.

글쓰기는 글을 하나의 읽을거리로 생산해야 하는 전문 직업인에게만 필요한 소양이 아니다. 사람의 삶 속에서 듣고, 배우고, 말하기는 기본이다. 읽기와 쓰기 사이에는 생각하기라는 또 하나의 과정이 포함되어 있다. 그러니까 쓰기는 가장 난이도가 높은 생각하기의 과정을 거쳐야 하는 인간의 의사표현을 위한 최상위 단계라고 할 수 있다.

SNS의 등장으로 우리는 말하기, 쓰기, 읽기가 자연스럽게 연동되는 미디어 환경에 살고 있다. 블로그만 잘 관리해도 전문가로 대접받고 책의 저자로 이름을 올릴 수 있는 기회도 잡을 수 있는 세상이다. 소셜 미디어 시대에 쓰기가 폭발하면서 새로 등장한 용어가 '퍼블리킹(PUBLICing)'이다. 이는 편집자 출신으로 미디어학을 전공한 학자인 하세가와 하지메(長谷川一)가 웹의 등장으로 달라진 출판 패러다임을 기존의 출판(Publishing)과 구별하기 위해 만든 용어라고 한다.

그렇다고 해서 SNS에 등장하는 모든 글이 출판의 가치를 지니는 건

사람은 맨 처음에 25%만을 알아듣는다. 1시간이 지나면 절반을 잊어버리고, 한 달이 지나면 거의 다 잊어버린다. 결과적으로 사람은 자기가 들은 말의 5%만을 기억하게 된다. 그러니 기록을 하라. – 헤르만 에빙하우스(심리학자)

아닐 것이다. 문자를 주고받는 식의 짧은 답문, 인터넷상의 댓글 쓰기를 글쓰는 행위라고 생각해서는 안 된다. 짧은 단문에 익숙한 청소년들에게 자신의 생각을 글로 표현하라고 하면 서툴고 비문투성이에 소통 불가능한 문장을 써내곤 한다. 읽기와 쓰기 사이에는 반드시 자기 인식화 과정이 포함되어야 제대로 된 글쓰기라 할 수 있다.

꾸준히 생의 데이터를 모으자. 그것이 가치 있는지 없는지는 중요하지 않다. 누구나 역사가 있는 삶의 주인공인만큼 읽고, 생각하고, 쓰고, 데이터로 모으는 작업을 통해 보다 풍요롭고 가치 있는 삶을 영위할 수 있을 것이다.

프로의식은 명품 매력이다!

'여성의 시대'를 말하고 있지만 대한민국 여성들의 사회 진출과 사회 기여도는 선진국에 비해 매우 낮다. 서구여성은 한국여성보다 10배는 더 많이 일한다. 이말에 한국여성들이 발끈할지도 모르겠다. '우리도 일하고 싶다. 뽑아주지 않는데 도리가 없다.'라고. 국가적·사회적인 제도가 미비하다 보니 전문화된 고급인력인 여성들이 제 역할과 기여를 하지 못하고 있는 것도 사실이다.

그런데도 "같은 돈을 주고 직원을 뽑는다면 솔직히 여성보다 남성을 뽑겠다."라고 말하는 기업의 인사담당자들이 아직도 많은 건 무슨 이유일까?

여성은 남성이 가지지 않은 장점과 강점을 많이 가졌다. 특히 멀티태

스킹은 여성의 강점이다. 여성은 전화통화를 하면서도 일을 지시할 수 있고, 샌드위치를 먹으면서도 컴퓨터 작업을 한다. 동시에 여러 가지 일을 어려움 없이 해내는 재능은 남성과 큰 차이를 보이는 부분이다. 이 때문에 직능에 따라 남성보다 훨씬 뛰어난 자질을 보인다.

그러나 조직에서 말하는 여성에게 필요한 2%는 직업인으로 꼭 가져야 하는 '프로의식'이다. 성실함과 포기하지 않는 근성, 일에 대한 도전정신과 열정이 무엇보다 필요하다. 주어진 일만 하지 말고 도전적으로 일을 찾아서 하며, 어려운 일을 피하거나 변명하는 대신 도전하고 책임지려는 의식을 강화해야 한다. 중요하고 큰일이 맡겨지기 바란다면 자기의 개인적 욕심에 휘둘리기보다 조직의 이익부터 생각해야 한다. 이런 의식의 단련 없이 큰 기회에서 번번이 제외되었다고, 승진에서 누락되었다고 말할 수 없지 않을까.

나는 왜 일을 하는가를 생각해 보자. 여성들의 일에 대한 가치관은 종종 놀라울 정도로 생각 밖의 것일 때가 많다. 하고 싶은 것을 하고 사고 싶은 것을 살 수 있다면 일은 되도록 안 하고 싶다는 여성들이 있다. 또 요즘 남자들이 직업 없는 여성은 싫어하기 때문에 좋은 남자를 만나 결혼할 때까지는 하기 싫어도 일을 해야 한다고 생각하는 젊은 여성도 적지 않다. 차라리 결혼자금을 부모님 도움 없이 만들기 위해, 자녀들의 교육비를 충당하기 위해 등등 뚜렷하고 구체적인 이유가 있는 경우는 오히려 고개가 끄덕여진다.

물론 남성들도 자신이 하고 싶은 일은 멀찍이 둔 채 가정에 있는 처자
식을 위해 어쩔 수 없이 일하는 경우도 많다. 현실적인 이유에 발목이 잡
혀 현재 하는 일이 맞지 않거나 하기 싫어도 박차고 나가지 못하는 사람
들이 많은 건 사실이다. 하지만 현실적인 이유가 그러하더라도 어차피
자신이 좋아하는 일을 용기 있게 시작할 것이 아니라면 현재의 일에서
행복을 찾고 발전적으로 하려는 노력이 필요하다.

우리 모두 열심히 일하는 이유는 잘 먹고 잘 살려는 것이며, 결국은 행
복해지려는 것이다. 우리가 욕심 내지 않고 누릴 수 있는 행복은 어디든
많다. 다만 찾지를 못하는 것뿐이다. 욕심을 위해 일하면 내 자리는 늘
볼품없고 내 직장은 늘 불만스럽다. 욕심은 채워도 끝이 없기 때문이다.
하지만 내가 현재 위치에서 행복해지기 위해서 어떻게 일해야 하는지
고민하고 실천한다면 더 행복해질 수 있다. 더 많이 갖기를 바라서가 아
니라 지금 현재 일을 할 수 있다는 것 자체가 행복하다는 생각에서 출발
하면 일에 대한 자세도 달라지기 때문이다.

내 안의 소리를 잘 들어보자. 타인의 말에 영향 받지 말고 우선 나의
내면이 하는 말을 듣고 나를 믿어야 한다. 그것이 스스로에게 부끄럽지
않게 내게 주어진 일을 어느 누구보다 성실하게 할 수 있는 동력이 된다.
일에 대한 내 가치관의 격을 높여보자. 아름답게 차려입고 그림처럼 앉
아 있는 여성보다 열심히 일하는 여성은 언제 보아도 아름답다. 완벽한
메이크업도 훌륭한 패션도 해낼 수 없는 명품 매력을 완성시킨다.

 모든 사람은 서른에 다시 시작한다. – 남인숙(작가)